人の意識を自由自在に操る

最強の催眠術

THE ULTIMATE HYPNOSIS

催眠誘導研究所 所長
林 貞年
HAYASHI SADATOSHI

SOGO HOREI PUBLISHING CO., LTD

まえがき

本書は、他人への催眠術のかけ方と、自分を催眠状態にする自己催眠の方法を詳しく解説したものです。催眠は科学であり、心理学の一分野です。そして**催眠術は、ちょっとした暗示の仕組みと簡単な手順を知るだけで、誰でもかけられる**ようになります。

催眠術をかける方法がわかると他人の身体を動けなくしたり、食べ物や飲み物の味を変えたりすることが容易にできます。そればかりか名前を思い出せなくしたり、幻覚を見せたりすることだってできます。好きなものを嫌いにしたり、逆に嫌いなものを好きにしたり、感情を操作することなどは簡単にできてしまうのです。

さらに、感覚を操作する催眠は医療にも取り入れられ、痛みを緩和させる方法として活用している国もたくさんあります。アメリカではすでに**催眠が医療の一環《いっかん》として、健康保険の適用が認められている**ぐらいです。また、**ハーバード大学、スタンフォード大学、イェール大学などをはじめとする、世界中の大学や研究機関が催眠の可能性に期待を寄せ、盛んに研究を行っている**のです。

催眠現象は、一見するとにわかには信じがたいことがたくさんあります。しかし、何も不思議なことではなく、**普段あなたが意識していないところでときどき顔を出す無意識の働きを、催眠という心理技術が意図的に引き出しているだけ**なのです。

たとえば、あなたがスポーツを観戦しているとき、身体は無意識に動いてしまいます。緊張しているとき、身体は無意識に硬直します。お腹がいっぱいのときと空腹のときでは、同じ食べ物でも美味しさが違います。ど忘れなどという現象は毎日のように起きたりします。人違いや見間違いなどといったことも、ときどきやってしまうのではないでしょうか。痛みに関しても、何かに気を取られているときは感じにくくなったりするはずです。

催眠はこれら無意識の現象を最大限まで引き出すことができるのです。

人の心には意識できる顕在意識《けんざいいしき》（意識）の領域と、意識できない潜在意識《せんざいいしき》（無意識）の領域が存在します。催眠は潜在意識に働きかける心理技術であり、その中身を知れば何も不思議なことなどなく、当たり前のこととしてあなたも使えるようになります。

そうはいっても、日常生活の中ではあまり見ることのない現象を、いとも簡単に起こしてしまう催眠です。普通の人にはできないものだと思われても仕方ありません。それでも**催眠**

は科学であり技術です。やり方さえわかれば誰でも簡単にできてしまうのです。

それゆえ、すでに催眠術を習得している人たちの技術にはかなりの差があります。子ども騙しのような技法しか持ち合わせていない催眠術師から、ほとんどの相手を深い催眠に導く催眠術師まで千差万別です。

しかし、催眠の世界では技術の高さと知名度が一致しておらず、技術の低い人が催眠の先生をしていたり、一度も人を治したことのない人が催眠療法の講師をしていたりします。

これが**催眠業界最大の欠点**といってもいいでしょう。

催眠は10人を相手にすれば、かかりやすくなっている人が2人はいます。だからスキルのない催眠術師が施術しても1人や2人はかかってしまいます。この**うまくかかった人だけを動画サイトなどで披露《ひろう》すれば、その催眠術師は技術を持っているように見えてしまう**のです。

催眠の技術は導入の成功率で決まります。

すでにかかっている人を相手にしている場合は、少々下手な催眠術でも被験者（催眠を受ける人）は反応してくれるのです。つまり、そんなうまくいっている部分だけを披露している催眠術を見ても、その催眠術師の技量は判断できないということです。

さらに、**事前に誘導を施しておけば、目の前で指をパチンと鳴らすだけで被験者は一瞬で**

眠ったようになるので、瞬間催眠術師として名を売るのは思いのほか簡単です。

ただ、催眠をどのように使おうと、どんなふうに知名度を上げようと、その催眠術師の自由です。しかし、スキルのない講師や知名度だけの先生から催眠術を教わった人たちは、技術がまったく進歩しないといった最悪の状態に陥ります。それは最初に教えられた催眠術が根本から間違っているからです。

知名度は高くてもワンパターンのかけ方しかできない人、キャリアが10年も20年もあるのに全体の1割か2割しか催眠をかけることができない人、外国で取得した資格をたくさん持っていても催眠をかけるときは台本のセリフを言っているだけの人など、こんな人たちが催眠術を教えているのが催眠業界の現状なのです。

でも、彼らに悪気があるとは思っていません。彼らも教えてもらったことを忠実に伝えているだけなのだと思います。

ちなみに、外国の大きな団体からヒプノセラピー（催眠療法）を習った人でも、よくクライアントから「催眠にかかっているような気がしない」と言われてトラブルになることが多くあります。そういったヒプノセラピストたちが私のところに改めて催眠術のかけ方を習いに来るのですが、それもそのはず。彼らのほとんどは、催眠誘導の基礎がまったくできていないのです。彼らは、スクリプト（台本）に書かれたセリフを覚えて、クライアントの横で唱えることしかしていません。深い催眠に導くためのプロセスがすっぽり抜けています。ちょっとしたことがきっかけでかからなくなってしまうほど、催眠誘導は繊細です。間違った技法を身に付けていたり、おかしな癖が付いていたりすると極端に成功率が落ちるのは当たり前のことです。

また、初心者の頃に付いてしまった癖はなかなか抜けません。だから、催眠を学ぶ人は最初に正しい知識と基礎をしっかりと身に付けることが肝心なのです。

基礎ができていれば、簡単な技法で催眠術をかけても成功率は高くなりますし、基礎ができていなければ、どんなに高度な技術を学んでも使いこなすことはできないでしょう。とにかく、催眠をやるなら正しい知識としっかりとした基礎を身に付けておくことが何よりも重要なのです。

私は2003年に『催眠術のかけ方』（現代書林）という、催眠術の入門書を書きましたが、**今回の本は、基礎になる部分をより詳しく書いたものです。**初めて催眠の勉強をする人はもちろん、すでに催眠術は学んだけれど成功率が上がらずに悩んでいる人も、しっかりとした基礎を身に付けるために読んでいただければと思います。

それから、**肩書とスキルに矛盾があるのは催眠術に限らず、人の問題を解決に導く催眠療法に関しても同じ**ことがいえます。

テレビの催眠術などを見ていても、「こんなことができるのなら私の悩み事など簡単に解決してくれるのでは？」と思う人も少なくないと思います。テレビの催眠術はインパクトのあるシーンだけを見せるので、知識のない人からすれば、催眠にさえかかればどんな悩み事でもたちまち解決してしまうように思えてしまいます。

ただ、一般の人がこのような誤解をするのは仕方がないとしても、催眠の専門家と称する人たちの中にも同じような浅はかな考えを持っている人はたくさんいます。催眠にかけたあとで悩み事が解決する暗示を与えれば、あとは勝手に解決していく、と考えてしまっているのです。

確かに催眠は人の悩み事を解決に導くことができます。しかし、多くの人が想像するテレビのような催眠では人の心は治せませんし、催眠療法は催眠をどのように使うかにかかっていて、クライアントを催眠にかけたあとでそれらしい暗示を入れてもほとんど効果はないのです。

催眠療法士の中には、催眠状態になっているクライアントに「どのような暗示を与えれば、速やかに問題が解決するだろうか」と、日々役に立たない思考を働かせている人がたくさんいます。実は、催眠が世の中に繁栄しない理由はここにあるのです。

催眠の先進国では、催眠はすでに医療で活用されていて、アレルギーによって麻酔が施せない患者の痛みのコントロールや末期がん患者の痛みの緩和に役立てている国は少なくありません。

それでも催眠が発展しない理由は、催眠療法に関わる多くの人が使い方を間違えていたり、施術する相手を間違えていたりするからです。

つまり、**催眠そのものは人の問題を解決する能力を持っていますが、巷《ちまた》に出回っている催眠療法は使い方を間違っているがゆえに、催眠の力を発揮できていないのが現状**なのです。

さらに、自分自身を催眠状態に導く自己催眠術も、使い方が大きく勘違いされており、その素晴らしい力を発揮できずにいます。

有意義な日常生活を送るために、自己催眠は絶大な力を持っています。それでも、自分に催眠をかけてなりたい自分になるための暗示を入れるようなものではないのです。

本書は、**催眠術、催眠療法、自己催眠といった、催眠全般に関する誤解を払拭《ふっしょく》し、その魅力を最大限に活用していただくための本**です。

【警告】

読者の行った催眠に関して出版関係者は一切の責任を負わないものとします。必ず自己責任のもとで行ってください。

第1章

催眠の正体

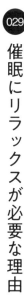

第2章

催眠術のかけ方

第3章

暗示テクニックの実践

第4章

自己催眠術

ブックデザイン　別府拓（Q.design）
DTP　横内俊彦
校正　黒田なおみ（桜クリエイト）

第1章
催眠の正体

○催眠術の二つの効果

人が催眠術にかかると次の二つのことが起こります。

まず一つ目は『**被暗示性《ひあんじせい》の亢進《こうしん》**』といって、暗示の受け入れやすさが高くなり、普段の日常生活ではあまり起こらない現象を起こすことができるようになります。

たとえば、誘導者（催眠をかける人）が「あなたの身体は左右に揺れます」と言えば、被験者の身体は本人の意思とは関係なく左右に揺れ出します。この状態を催眠では『**運動支配の時期**』といいます。

さらに被暗示性が亢進すると『**筋肉支配の時期**』といって、「握ったこぶしが開かない」「真っ直ぐに伸ばした腕が曲がらない」「椅子から立てない」「歩けない」といった暗示に反応するようになります。

そのまま被暗示性が亢進していくと、今度は『**感情支配の時期**』といって喜怒哀楽や好き嫌いの感情を操作することができます。この中程度まで被暗示性が亢進すると、わさびを甘くしたり、水をオレンジジュースの味にして飲ませることもできます。これを『**感覚支配の**

時期』といいます。痛みのコントロールなどができるのはこの段階になります。

さらに被暗示性が亢進すると、「あなたは自分の名前を思い出すことができない」とか「自分の誕生日を忘れてしまう」といった暗示に反応するようになります。この状態を『**記憶支配の時期**』といって思い出す能力を一時的に暗示で抑え付けることができます。

そして被暗示性が極めて亢進した状態になると、「あなたの目の前に初恋の人が立っています」とか「私は透明人間ですから、あなたから私を見ることはできません」と言って幻覚を見せることができます。この状態を『**幻覚支配の時期**』といいます。

○脳をリラックスさせる催眠

催眠のもう一つの特徴は、『**脳の弛緩《しかん》**』です。催眠にかかった人は脳から力が抜けて、心の力《りき》みが取れます。実は、**催眠にかかる最大のメリットはこの脳の弛緩**なのです。

人は、日常生活を安全に送るために、いつも脳を緊張させています。

たとえば、赤信号を横断すると車にはねられる危険を知っている人は、それを避けるために信号に近付くと潜在意識が不安をアピールし、赤信号に危険を感じて注意をします。この潜在意識からのアピールが脳に緊張をもたらすのです。当然、無意識の働きなので、いちいち「いま脳が緊張している」などと意識している人はいません。

また、会社や学校で失敗して恥をかいてはいけないというプレッシャーや、上司からの罵《ば》声《せい》や他人からの批判に対する防御など、心が受ける衝撃から身を守るための力みもすべて脳の緊張と化してしまいます。

したがって、人が日常生活を安全に送るためには、こういった脳の緊張は必要不可欠なのです。

しかし、このようなプレッシャーや緊張が必要な状況から解放されると通常は脳の緊張からも解放されるのですが、リラックスできるはずの休憩時間や仕事が終わって帰宅したあとでも緊張が続いていたらどうでしょう？

さらに、この緊張が慢性化し、睡眠時にも続いていたとしたら、体調を崩したり、病気になったりしても不思議はありません。**心の病気を作り出すのは、まさにこの休息しなければならないときにも続いてしまう脳の緊張**であったりするのです。

でも、この脳の緊張は意識的に取ることは通常できません。なぜなら、脳の緊張は多くの場合、無意識が作り出しているからです。

この無意識に緊張している脳の力みをリラックスさせるためには、無意識に働きかける手法が必要です。そしてその手法こそが催眠術なのです。

○催眠術は心の無意識に働きかける術

あなたの脳が緊張していても、意識的にリラックスさせるのは困難です。でも、催眠術にかかったあとなら、誘導者が「心の力が抜ける」「身体から力が抜けて深く眠る」などのリラックスさせる暗示を繰り返し与えると、被験者の脳からは力が抜けていきます。

そして完全に脳から力が抜けてしまうと、日常生活でのストレスやプレッシャーから完全に解放されるのですが、第三者からするとこの状態が眠っているように見えるのです。

では、なぜ催眠術にかかったあとでリラックスする暗示を与えられると、脳が弛緩するのでしょうか？

その答えは単純です。**脳の緊張は無意識が作り出しているものであり、催眠術はその無意識に働きかけるもの**だからです。

もう少し具体的に話をすると、あなたが友達との関係がうまくいっておらず悩んでいたとします。そして、その悩みに連動する脳の部位が、たとえば右側頭部だとすると、その部位は緊張して凝《こ》り固まった状態になります。さらに、その脳の部位と連動する身体の部位が左肩だとすると、左肩の筋肉も緊張した状態になるわけです。

そこで誰かに「左肩に力が入っていますね」と言われて左肩の緊張に気付き、意識的に力を抜いたとします。でも、その緊張を作り出しているのは脳なので、気がそれるとまたすぐに左肩は緊張してしまいます。

つまり、左肩に連動している脳の部位から緊張を取らなければ、いくら意識で努力しても左肩の緊張は取れないのです。そこで、無意識に直接アクセスできる催眠を使うと、簡単に脳の力みを取ることができます。

催眠は、緊張を作り出している元の部分を、ダイレクトにリラックスさせることができるため、それに連動しているすべての部位から緊張を取ることができるのです。

いわば、催眠はストレスに悩む現代人にとって、何よりも価値があるものだといえます。

人はときに、すでに解決している問題や、まだどうなるかわからない未来のことに対してもストレスや不安を感じて、脳の緊張を作り出している場合があります。

心の見地からいえば、取り越し苦労や持ち越し苦労といわれるものです。

たとえば、職場でストレスになっていた上司が、左遷《させん》されていなくなったとします。しかし、ストレスの原因がなくなったにも関わらず、慢性化してしまった脳の緊張が続く場合があります。

つまり、**脳の緊張は原因と共になくなる場合と、緊張が癖になっていて、原因がなくなっても脳の緊張だけが残る場合がある**のです。

心の病気や心身症は、多くの場合、脳の緊張が慢性化することによって引き起こされるので、脳が緊張する原因がなくなったとしても、脳の緊張が続いている場合はやはり心の病気や原因不明の体調不良を発症したりするのです。

このように、原因はすでになくなっていて、惰性的に脳の緊張だけが続いている場合、たった一度深い催眠状態になっただけで慢性的な身体の不調がなくなることがあります。

それだけ**脳の余計な緊張は、身体に悪影響を与えている**ということなのです。

○催眠療法とは？

長い間苦しめられていた慢性的な腰痛が、催眠療法を受けて改善されたというような報告がときどきあります。

この場合によく行われるのが直接的な改善暗示を与えるもので、被験者を催眠に誘導したあと「あなたが長年悩まされてきた腰の痛みは本日をもって改善されました」といったやり方です。

これで腰痛が治った人は、催眠状態で与えられた暗示が効いて治ったのだと思いますし、施術した催眠療法士のほうも自分が与えた暗示で治ったのだと思います。

でも、この人を**治したのは改善暗示ではなく、催眠状態そのもの**です。

たとえば先ほどの例のように、身体に原因がなくても日常での悩み事が脳の緊張をもたらし、その脳に連動する身体が不調を起こしていたとします。そして悩み事は緩和されているのに、脳の緊張だけが習慣化されていて身体の不調が続いていた場合は、深い催眠状態を一度経験するだけで身体の不調が劇的に治ってしまうことがあります。

これは**凝り固まっていた脳の力みが、催眠状態によってほぐれたことが功を奏した結果**なのです。しかし、催眠の上面しか勉強していない催眠療法士たちは、潜在意識の書き換えが成功したから改善されたのだと思い、その後も熱心に改善暗示の勉強をするようになります。

ときに、「クライアントは自分に悪い催眠をかけているから身体の不調が続くのだ」と言って、クライアントを催眠に誘導したあと、「あなたが自分にかけていた悪い催眠はなくなりました」などと暗示を与える人もいたりします。

でも、うまく改善されるのはごくわずかです。その理由は、やはり脳の弛緩であり、原因がなくなっている惰性的な脳の緊張を引き起こしている人に対し、**たまたま質の良い催眠状態が提供できた場合のみ改善される**からです。

こういった催眠療法士たちは、催眠状態での暗示が効いているのではなく、脳の弛緩が功を奏していることに気付かない限り、催眠状態での無駄な改善暗示を繰り返すことになり、いつまで経っても、たまにしか良い結果を出せないのです。

○催眠状態と「一点集中の法則」

明治や大正の頃、催眠術は「精神統一法」とか「注意術」と呼ばれていたことがあります。その名のとおり、催眠状態では意識が一つのことに集中しています。

これを『**一点集中の法則**』といって、催眠現象を引き起こすためには欠かせない要素といえます。

普段は意識が散慢状態になっているため、一つの刺激に対してさまざまな思考が働いてしまいます。

たとえば、隣の部屋で赤ちゃんが泣いていたとします。通常の意識状態だと「うるさいな」「お母さんいないのかな?」「かわいそうだな」などといろいろな考えが浮かんできます。しかし、催眠状態になっていると、ただ「赤ちゃんの泣き声が聞こえる」と感じるだけで心は動きません。いわゆる『**不動心**』の状態になります。

催眠で説明するなら、「あなたの腕は曲がらない」と暗示されたとして、普段の意識状態だと「本当に曲がらないのかな?」「いや、そんなはずはない」「もし曲がってしまったら誘導者に恥をかかせてしまうのでは?」などといろいろな思考が働きます。

しかし、催眠状態になっていると余計な観念は浮かばず、「私の腕は曲がらない」といった一つの観念だけになります。つまり、**催眠状態は一つのことに集中している状態**であり、雑念などはなくなっている状態なのです。

また、雑念が浮かばない状態だからこそ、無批判に誘導者の暗示を受け入れ、現実離れした不思議な現象が起こるのです。

○催眠にリラックスが必要な理由

催眠をかけるときには「眠くなる」「力が抜ける」「リラックスする」「くつろぐ」などの暗示をよく使います。これらはすべて脱力をほのめかす言葉です。

ではなぜ、催眠をかけるときにはこういった『**脱力暗示**』(力が抜ける暗示)を多用するのでしょうか?

催眠誘導が、意識を集中させることを目的にしている以上、雑念を軽減させるための作業はとても重要です。しかし、雑念は無意識の領域なので意識の力ではどうにもなりません。それどころか、被験者が雑念をなくそうと頑張れば頑張るほど、雑念に意識が集中してしまいます。これを『**努力逆転の法則**』といいます。無意識の働きを意識的に抑え付けようとすると必ず反発が起こります。だから、催眠をかける際、被験者に「雑念をなくしてください」とか「雑念を浮かべないように」と言っても無理な話なのです。

では、誘導者はどのようにして被験者の意識から雑念をなくしていくのでしょうか?

ここで心と身体の相関関係を考慮します。**人は、心の雑念と身体の緊張が比例する**のです。

たとえば、お金のことで悩んでいたら腰の筋肉がカチカチになっているかもしれませんし、家族のことで悩んでいたら足が緊張しているかもしれません。仕事のことで悩んでいたら肩に力が入っているかもしれませんし、人間関係で悩んでいたら常に歯を食いしばっているかもしれません。心と体は相互に繋がっているのです。

無意識に浮かぶ雑念は、意識の力では自由になりませんが、身体の緊張は催眠の技法を使うことによってある程度コントロールができます。

つまり、**身体から力を抜かせていくことで、心の雑念を軽減させていく**のです。

しかし、被験者の心にあまりにも強い緊張があり、その緊張が脳の力みを強くしているような場合は、催眠にかけるのが難しかったりします。

ときどき「催眠ってこわ〜い」などと言いながら興味津々《きょうみしんしん》の若い女の子がいたりしますが、こういった場合と違って、本気で催眠を怖がっている場合そう簡単にはいかないものです。

また、脳を力ませる心の緊張は不安だけではなく、普段の生活の中で憎しみを持っていたり、強い妬みを抱いているような人も、なかなか脳の緊張が取れにくかったりします。

さらに、離婚問題で悩んでいたり、大きな失恋で傷心したりしているような状態のときは、脳の緊張を取るのは困難なので、催眠にかけるのはかなり難易度が高くなると思います。

一応念のために言っておきますが、憎しみや妬みは、あくまでも脳の緊張が取れにくい要因の一つであるというだけで、催眠にかかりにくい人が必ずしも憎しみや妬みを抱えた執念深い人だというわけではありません。催眠に対する不安や誘導者に対する不安、そのほか日常での強いストレスやプレッシャーなども、催眠にかかりにくい大きな要因になっていることを覚えておいてください。

○被暗示性が亢進した状態とは？

催眠状態の深まりというのは、脳がよりよく弛緩した状態だということはわかっていただけたと思います。

では、被暗示性が亢進した状態というのはどういった状態なのでしょうか？

いま、あなたの目の前にリンゴがあり、それを手に持てばリンゴの感触があります。でも、催眠術にかかると、誘導者が「あなたはリンゴを手に持っています」と言えば、リンゴがなくても実際に持っている感触を味わうことができます。

これは**被験者の臨場感《りんじょうかん》が、現実の世界から誘導者が作り出す世界に移動している**のです。

通常、みなさんの臨場感は現実の世界にあり、見るもの触るものすべてに臨場感を感じています。でも、被暗示性が亢進したあとでは、誘導者の言語の世界に臨場感を感じるようになります。

ちなみに、催眠にかかっている状態をよく『**トランス状態**』（変性意識状態《へんせいいしきじょうたい》）になっているといったりします。トランス状態の定義としては臨場感が現実から離れた状態をいうので、映画を見て笑っているときも、小説を読んで泣いているときも、レモンを食べているところを想像して口の中に唾液が湧いてきているときも、トランス状態といえます。

実際にはレモンを食べているわけではなく、想像しているに過ぎません。しかし、身体が反応して唾液を分泌するということは、臨場感が想像の世界に移動しているのであって、立派なトランス状態といえるのです。

ところが、被験者にレモンを食べているところを想像してもらい、唾液が出てきたら、「ほら催眠にかかりましたよ」と言っても被験者は納得しません。なぜなら、それは普通の人が当たり前に経験している現象だからです。

また、椅子に腰かけて誘導者と雑談をしている被験者に、突然「あなたは椅子に腰かけている感覚を感じ取ることができます」と言ったとします。すると、誘導者と会話をしていることに向いていた被験者の意識は、誘導者の言葉によって椅子に腰かけている感覚に臨場感を移動させてしまったことになります。普段は五感で感じ取っているものを言語で感じる世界へ移動させたのだから定義上は十分にトランスを成立させています。

しかし、これは施術する側の理屈を満たしているだけで、世間に認知されている催眠は不思議なことを起こすものです。そして、「日常では経験できない状態や現象を経験させてくれる」と思っている被験者が施術を受けるわけですから、これを催眠だといってしまうと被験者は必ず不満を漏らします。特に催眠療法士のように施術することで報酬を得ている場合はトラブルの元になります。

だから、被験者の臨場感を移動させるにしても、**その人にとって当たり前のことから当たり前のことへ移動させても催眠は成立しない**のです。言い方を変えると定義上の変性意識状態は成立していても、催眠は成立しないことになります。やはり、**その人にとって当たり前のことから、当たり前ではないところに臨場感を移動させる必要がある**のです。

では、どのようにして被験者の臨場感を現実世界から引き離し、誘導者が作り出すイメージの世界へ移動させていくのでしょうか？

それには、現実には起こらないことを起こす必要があります。

日常生活の中で普通に起こることをいくらやっても、臨場感を現実から引き離すことはできません。現実には起こらないことを起こし、被験者に「不思議な現象だ」と思ってもらう必要があるわけです。そしてそれが、催眠術のせいで起きたのだと思わせることで、人を催眠術にかけることができるのです。不思議なことを起こすことによって、人はその部分に意識を集中させます。この強い意識集中状態が催眠を作り出すのです。

したがって、**催眠性トランス状態は「現実から離れた臨場感が一つのことに没頭している状態」**だと定義することができるのです。

○「臨場感」を現実から引き離す方法

我々が被験者の被暗示性を高めるとき、多くの場合、『**観念運動**《かんねんうんどう》』（頭で考えたことやイメージしたことが身体の運動となって表れる現象）を用いたり、ときにはトリックを使ったりして現実から臨場感を引き離していきます。

たとえば、両手の指を胸の前でしっかり組み合わせて、人差し指だけを伸ばしてもらったら、人差し指の先が目の高さにくるように手を持ち上げ、両肘を広げ気味にしてもらいます（写真1）。

そして、伸ばした人差し指の先を開くように命じ（写真2）、被験者の指の先が開いたところで誘導者はその指先をつまみます。そのまま放っておくと指先が中に寄っていってしまうからです。だからこれから起こる現象を言い終わるまで、被験者の人差し指をつまんだままにしておきます。

そして次のように暗示を与えていきます。

「指と指の間をじぃーっと見つめていて……私がハイッって言ったらこの指先が自然と中に寄ってきます……わざと中に寄せる必要はありませんが、寄ってきた指を無理やり広げる必要もありません……いいですか……いきますよ……」と言ったら、つまんだ指先を離すのと同時に「ハイッ!!　……指が中に寄ってきます!　……さあ、どんどん寄ってくる……もっと寄ってくる……そして指先がくっついてしまう……」

このようにすると、被験者の人差し指は中に寄ってきます。

写真１　人差し指を伸ばし肘を広げ目の高さに上げる

写真２　人差し指の先を開いている

　これは人体の構造上、人差し指を離していることに無理があり、誘導者が暗示を与えようが与えまいが被験者の指は寄ってきます。しかし、この現象が起きているときに誘導者が暗示を与えているので、被験者は誘導者の暗示で指が自然に動いているのだと思い込むのです。

　被験者の指先がくっついたところで、すかさず誘導者は左手のひらで被験者の両手首を下から支えます（写真3）。そして、右手で被験者の人差し指の根本を押さえ付けるように握りしめ、「もうこの指はくっついてしまって離すことができない！」と強く暗示を与えながら、目の高さにある被験者の指先を唇もしくは顎《あご》の高さまで勢いよく押し下げます（写真4）。

　すると被験者の人差し指は離れなくなります。

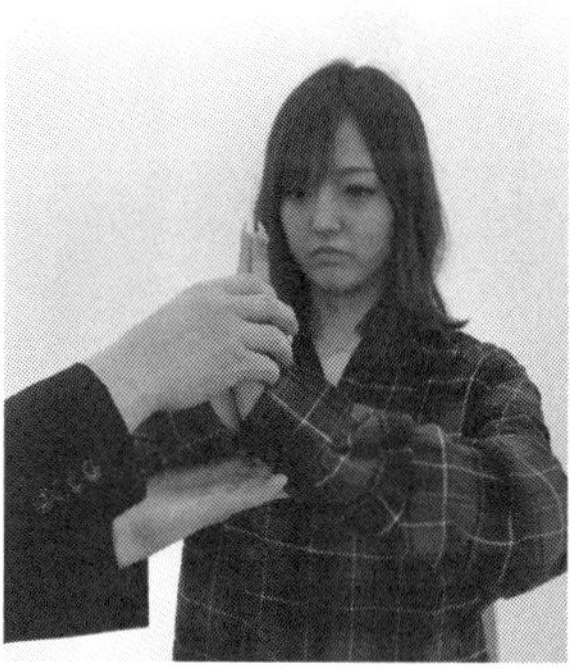

写真3　人差し指を伸ばした手を上と下から支えている

写真4　被験者の手を顎のあたりまで押し下げる

みなさんもやってみてください。両手の指を交互に組み合わせて、人差し指だけ伸ばした状態で両肘を水平に広げると、人差し指は両側から押されて離れないのがわかると思います。

指が寄ってきたあとに、被験者の手を唇もしくは顎の高さまで押し下げるのは、両肘を水平の状態に近付けて、人差し指を離れづらくするためです。

ただし、この被験者の手を下に下げるといった作業をデリケートにやると、トリックに気付かれてしまうので、小細工を怪しまれないために、ここで少し大きめの声を出し、意識を声のほうに向けさせるような感じで「もうこの指はくっついてしまって離すことができない!!」と気合でも入れるかのようにやるのがコツです。

しかし、いまみなさんも理解されたように、ここまではすべてトリックです。

こんなトリックを使ったやり方でも、被験者が「暗示によって指が寄ってきた！」と思い込むと、**『催眠認識《さいみんにんしき》』**（催眠にかかってしまったと思う心理状態）が誘発され、本当に催眠にかかっていきます。

ちなみに、我々プロはこのような技法はあまり使いません。私も催眠を教える場所やこのような書籍では説明のために使いますが、実際に催眠をかけなければならない場面では、こういった子ども騙しの技を使うことはほとんどありません。なぜなら、被験者がこのトリックのタネを知っていた場合、もう次の手が打てないからです。被験者に「催眠術はこんな姑息なことをするんだ」と思われたら、誘導者としての信頼を修復するのはほぼ不可能です。

それでも、かからなかったときに責任が発生しないような素人の方は有効に使えると思うのでやってみてください。

ただし注意点として、被験者がこのトリックのタネを知っていたとき、誘導者はいさぎよく諦めてください。もし被験者に「これって誰でも寄ってきますよね？」と言われたとしても、メンツを保つための言い逃れはしないでください。「確かに誰でも寄ってくるんですが、私は寄ってくるかどうかではなく、寄ってくるスピードを見ているんです」などと往生際の悪い言い訳などしようものなら、「この人は自分の非を意地でも認めない人なんだ」と思われて、人間関係まで壊れてしまう恐れがあるからです。

○「観念運動」を用いた催眠技法

いま紹介した方法以外にも、トリックを使った方法はたくさんあるのですが、同じ催眠認識を起こすにしても、姑息な手段は使わず、もう少し確実性の高い観念運動などを使った方法で進めたほうが失敗を少なくできます。

たとえば、椅子に腰かけている被験者に、胸の前で合掌《がっしょう》してもらい、誘導者は次のように暗示を与えていきます（写真5）。

「合わせた手の中に意識を集中させて……私が3つ数えたらその手はあなたの意思とは関係なく外側に開いていきます……いいですか……3・2・1！　……ハイッ！　手が開きます……もっと開く……どんどん開く……もっともっと開きます……」このように暗示を続け、被験者の手が肩幅ぐらいまで開いたところで（写真6）「ハイッ止まります！　……今度は

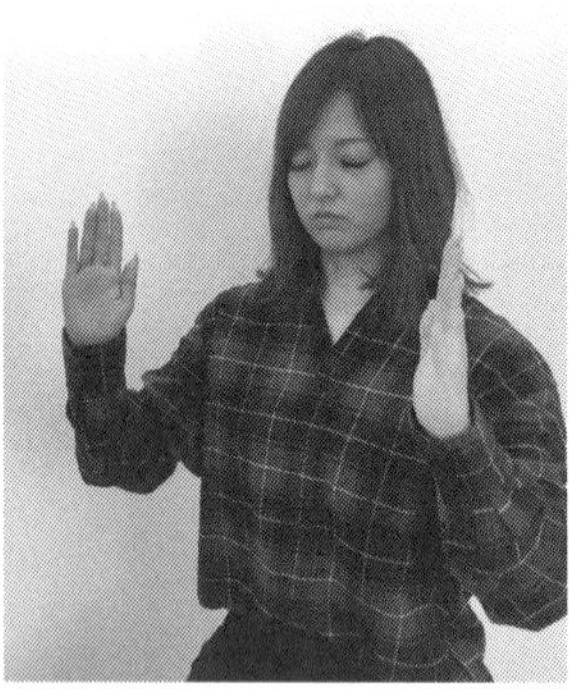

写真６　両手が肩幅まで開いている

写真５　胸の前で合掌している

その手がももの上に降りていきます……さあ、手が自然と下に降りていきます……もう自分ではどうすることもできない……どんどん降りていきます……」と続け、被験者の手がももの上に降りたら（写真７）、「ももの上に降りると、手が重くなって持ち上げることができません……持ち上げてみて……手は絶対に持ち上げることができません！　……」と最後は強めの口調で暗示を与えます。ここで被験者を観察して、手を持ち上げることができなくなっている様子だったら、

「私が３つ数えたら上半身が自然と後ろに倒れて催眠状態に入っていきます……３・２・１！　ハイッ！　身体が後ろに倒れながら力が抜けます……腕の力も抜けて、深ーく眠ります……深ーく、深ーく眠ります……そして心の力が抜けて、深ーく、ぐっすりと眠ります……」とやれば被験者は速やかに催眠状態になります

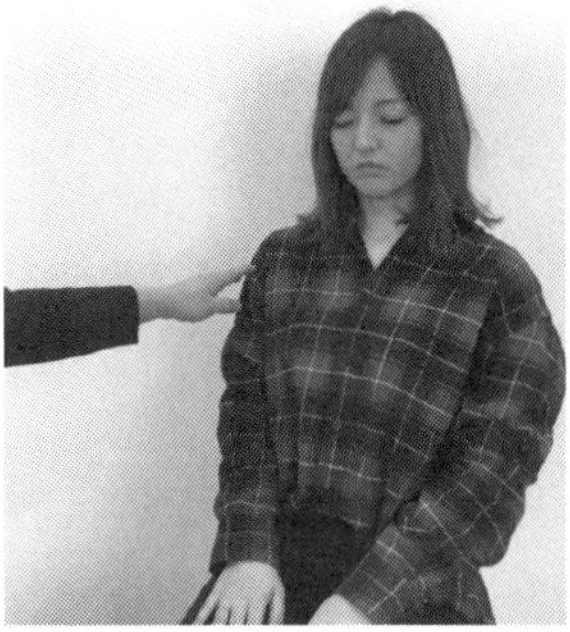
写真7　両手がもも上に降りている

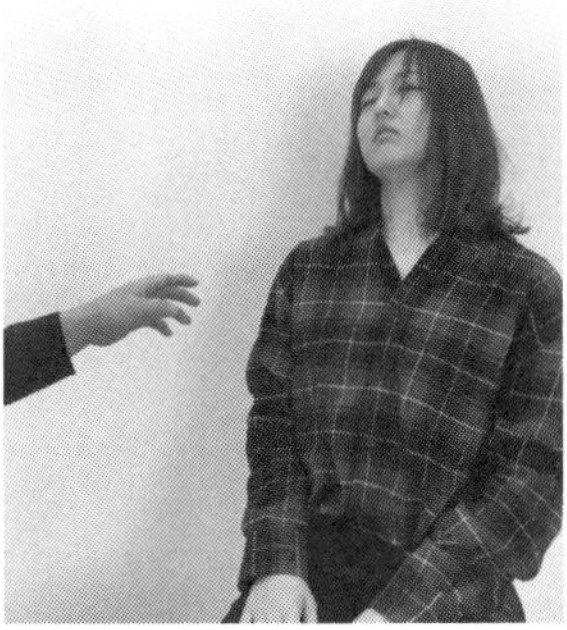
写真8　上半身が後ろに倒れている

（写真8）。

これが両手の観念運動を用いた方法です。この方法によって両手が無意識に開いたり降りたりすると、被験者は日常では起こらない現象を体験するので臨場感が現実から離れます。

そのまま臨場感を誘導者が作り出す世界へ誘導するように、次の暗示、そしてまた次の暗示と、徐々に深い催眠で起こる現象へ進めていきます。

○催眠術で何ができるのか？

では、その催眠術を使って何ができて何ができないのでしょうか？　この件に関してはとても複雑なので、催眠を単純化せずにしっかりと学んでください。

まず、催眠にかかった被験者は、その気になったらできることをします。だからその気になれないことはしないのです。

「あなたは犬になる」と暗示されて、被験者がその気になったら犬になったように振る舞います。自分に自信のない女性に「あなたは世界一の美女です」と暗示しても、被験者がその気になれなければ世界一の美女になったような振る舞いはしません。

また、その気になったとしても、自分の中にないものは実行することができません。

たとえば、外国人に「あなたは織田信長です」と暗示しても、その外国人が織田信長を知らなければ実行することができないのです。それでも、想像することができるものは実行できます。「あなたは宇宙人です」と暗示したら、大抵の人が宇宙人を想像できるので、宇宙人がいるかいないかは別として、暗示に従うことはできるのです。

同様に、野球をやったことがない小学生を東京ドームに連れて行って、「あなたは松井秀喜です……ホームランを打ってください」と暗示するとします。その小学生が松井秀喜さんを知っていれば、彼のような振る舞いをするかもしれませんが、ホームランは打てないでしょう。その子にはまだ東京ドームでホームランを打つだけの能力がないからです。

しかし、100メートルを10秒で走る能力を持っていながら、いつも12秒かかってしまう人に「10秒で走れる」と催眠術をかけた場合、10秒で走る可能性は十分にあります。

つまり、**催眠術はその人に潜在している能力を引き出すもの**であり、たとえその気になっても、**その人の中にない能力を引き出すことはできない**ということです。

○「役割行動」と「催眠性行動」

催眠下での行動にはそれぞれの種類があり、大きく分けると、その場の空気を読んで意識的に暗示に従う『**役割行動**』、催眠術にかかってやっているのはわかるんだけど、なんとなく自分の意思でやっているような気がするといった『**催眠性役割行動**』、そして、やりたくなくても無意識にやってしまう『**催眠性行動**』に分けることができます。

たとえば、「あなたはダンサーです……聞こえてくる音楽に合わせて華麗にダンスをしましょう……」と暗示されて音楽が流れてきました。周りで見ている人たちからは、自分が踊り出すことへの期待が感じられます。また、催眠術師に恥をかかせるのはかわいそう、という同情の気持ちも生じます。こういった周りからの重圧や催眠術師への同情心から踊ってしまう場合、被験者には役割行動という心理作用が働いています。

専門家によっては、「結果的に催眠術師の指示に従ったわけだから、本人の気持ちはどうあれこれも催眠の一種だ」と主張する人もいます。

また、「踊るのは恥ずかしいけど、踊りたい気持ちもあり、葛藤の末に踊ってしまった」などという場合は、催眠性役割行動です。わかりやすくいえば、半分は催眠の影響で、半分は意識的にやっているような状態です。まだ催眠の深さが若干足りないけれど、雰囲気に抑圧されてやってしまった、という感じです。

そして、「やりたくないのに音楽が聞こえてくると衝動を抑えきれず、踊らずにはいられなかった」というような場合は、催眠性行動です。この状態では完全に催眠にかかっています。

○人の身体は潜在意識が信じたとおりになる

催眠は、相手をその気にさせることに関しては、とても長けている術だといえます。

では、催眠というのは気持ちの面だけに働いているのかというと、そうではなく身体のほうも反応しているのです。

たとえば、催眠術をかけて、「これは真っ赤に焼けた火箸《ひばし》です」と暗示をして被験者の腕にボールペンを当てると、そこが水膨《みずぶく》れになることがあります。にわかには信じがたいかもしれませんが、これは実際に起こる現象です。真っ赤に焼けた火箸を当てられたと思ったその人の潜在意識が、体内の水分をそこに集めることで、火傷《やけど》から身を守ろうとしているのです。だから「火傷」ではなく、「水膨れ」なんです。

人間の身体は潜在意識が信じたとおりに反応するのです。

「すっぽん料理を食べるとコラーゲンがたっぷりだから肌がつやつやになる」と言って食べている女性はたくさんいますが、実際にはすっぽん料理をいくら食べてもコラーゲンは摂取できないのです。哺乳類や爬虫類と人間のコラーゲンは根本的に違うものなので、いくら食べても人間には吸収できないようになっています。

人間がコラーゲンを吸収するためには、人間用のコラーゲンに変える必要があります。

また、人間は自分に必要なコラーゲンは、他の食べ物を分解して人間用に変えてから、必要な分だけを吸収できるようになっているので、コラーゲンそのものを食べる必要もありませんし、動物のコラーゲンをいくら食べても意味がないのです。

その上、コラーゲンをいくら摂取しても、その人に必要な量を超えた分はすべて排出されてしまいます。

それなのに、すっぽん料理をたくさん食べた女性の肌が、翌日つやつやになっているのは、「すっぽん料理を食べるとコラーゲンがたっぷりだから肌がつやつやになる」と潜在意識が信じているからなのです。

○催眠術で記憶を書き換えられる？

日常生活に問題を抱えている人は、催眠に過度な期待を寄せることが多く、その原因となるのが、テレビや動画サイトのインパクトのある部分だけを見せる催眠術です。

しかし、催眠は万能ではなく、その応用範囲はかなり限られたものになります。

たとえば、失恋の傷をいつまでも引きずり、日常生活に支障をきたしている人が、催眠の記憶支配で生じる「あなたは数字の7が記憶から消える」とか「自分の名前を思い出せない」といった現象を見て、「過去の辛い記憶を消してください」などと依頼してくることがあります。

でも、たとえ催眠を使ったとしても、その人にとって重要な記憶は書き換えたり消したりすることはできません。**心が壊れそうになった経験は、二度と同じことを繰り返さないように、潜在意識があなたを守るために重要なものとして残す**のです。

逆に、**どうでもいいような記憶は、催眠など使わなくても自然に消えていったり、変化していったりする**ものです。

それに、催眠の健忘暗示は記憶を消したり書き換えたりしているのではありません。思い出す力を一時的に抑え付けているだけです。

だから、「あなたの記憶から7がなくなります」と暗示して、被験者に1から10まで数えさせると7を飛ばして数えますが、そのあと「暗示が解けます」と言うだけで7をきちんと数えるようになります。

これは「7」が記憶から消えていなかったという証拠です。本当に7が記憶から消えていたのなら、元に戻すときは「6と8の間に7という数字があるんです」と言って教えてあげないと数えられないはずです。でも、催眠で健忘を起こした被験者は例外なく、「暗示が解けます」と言っただけで元に戻り、1から10まできちんと数を数えます。

つまり、**催眠は思い出す能力を一時的に抑え付けているだけで、催眠を使っても起きた出**

来事をなかったことにはできないということです。

○心の病気に対処する

催眠は、悪癖や特定の恐怖症を治すためには最高の技術だといえます。

たとえば、名刺交換の際に手が震えるような人は、催眠状態で緊張する相手が目の前にいるところをイメージして、名刺交換のトレーニングをすることで劇的に改善されていきます。

エレベーターで怖い思いをした人がエレベーター恐怖症になり乗れなくなってしまったような場合も、同じように催眠状態でエレベーターに乗るためのトレーニングをしていきます。

しかし、広場恐怖症などを治す場合は、基本的に催眠などは使いません。呼び名に同じ「恐怖症」と付いているので治し方も同じように思う催眠療法士が少なくないのですが、広場恐怖症、不安神経症、パニック障害のような重度の心身症などは、催眠が逆効果になることもあるのです。

いうなれば、**催眠が誘導者と被験者の間にできる信頼関係が作り出す変性意識状態であるのに対し、心の病気は壊れた心の一部に無理やり引きずり込まれている、催眠とは真逆の変**

性意識状態といえます。よって、心の病気は壊れた部分を修復しない限り改善されません。

こういった人たちを催眠にかけ、「あなたはもう不安に悩まされることはない」とか「もうパニックにはなりません」などといった暗示を与えても治りませんし、万が一治った（その気になった）としても、そのあとで誰かに「パニック障害って一度なったら治らないんだよ」などと言われるとまたすぐにパニック障害に後戻りです。そして、一度治ったという喜びから「自分はやっぱり治らないんだ」といった強烈な挫折によって落胆状態になり悪化することだってあるんです。**人の言葉で症状が治まった人は人の言葉で再発してしまう**のです。

こういうのは治ったとは言いませんよね？

あなたがこういった心の病気で悩んでいるのなら、治るまでは無意識がどうのこうのとか、潜在意識がどうのこうのといった掴みどころのない話には関わらないことです。

本当に治ってしまったら、外からの情報よりも自分を信じられるようになっています。他人の言葉で体調が良くなったり悪くなったりするのは、やはりまだ治ってはいないのです。

だから重度の心身症の人たちを治すには、一度、催眠とは真逆の変性意識状態から解放してあげないといけない。しかし、催眠を解くような要領で「3・2・1！　ハイッ！　解けました」と言ったところで何の意味もないのです。彼らを治すには、現実から離れてしまった思考を現実に戻す必要があります。

彼らは、現実逃避という病気が引き起こしている変性意識状態に入っています。壊れた心の部分は薬で治すことができます。しかし、現実離れしてしまう思考は変性した意識状態になっており、現実に基づいた行動によって治していかなければ、いつまで経っても元には戻りません。現実から離してしまえば離してしまうほど、治療を遅らせてしまいます。**コントロールできなくなった自分を治すには、いったんしっかりと現実に着地させてあげるほかにない**のです。

クライアントは早く治りたい一心で、セラピーの期間中、何度も現実から離れていきそうになります。そんなときに、まるで田舎道を歩く馬の手綱を引くように、横道に逸れないようにしてあげるのがカウンセラーの仕事なのです。

もし、催眠がもたらす脳の弛緩が、意識を現実に戻すことに繋がる場合は無理やり催眠をかけても構いませんが、そういったケースは極めてまれです。

彼らが**治るために必要なのは自己コントロールです。本人がコントロールできないところで治そうとしてはいけない**のです。

もし、彼らが占い師や霊媒師のところへ行って、有り難い助言をいただいたことで一時的にでも症状が良くなったとします。本人は治ったかのように喜びますが、現実から引き離されているので実際には悪化しているのです。

ところで、私がインターネットの世界で活動を始めた頃からずっと応援してくれている遠方の方がいました。何回かお電話で話したこともあります。

彼が精神的な疾患を持っていて地元で催眠療法を受けているのは、ときどき話す内容から何となくわかっていました。

ある日の電話で、彼に催眠療法を施していたのはどうやら素人の催眠術師らしく、たまたま近くにいたからその催眠術師の催眠を受けていただけということもわかりました。

そして、その催眠術師は突然スピリチュアルに目覚めたと言って、霊能力のようなものを使い出したらしいのです。

遠方の彼は慢性の腰痛持ちだったのですが、その催眠術師がコップに入った水にしばらく手をかざし、「これを飲むと腰痛が治りますよ」と言うので飲んでみると、長年悩んでいた腰痛が一瞬で治ったというのです。催眠を勉強している人ならわかると思いますが、これはただの暗示です。

私はこの話を聞いたとき、彼のメンタルが健康ならいいのですが、彼は精神面にも疾患があったのでとても心配になりました。

でも、せっかく「頼れるものができた」と喜んでいるのに、私が水を差すようなことも言えず、その日は電話を切りました。

それから1年ほど経って、いきなり「近いうち会ってもらえませんか？」と、かなり強引な感じで電話がかかってきたんです。

私もなかなかスケジュールの空きがなく、そのときは良い返事ができなかったのですが、何か事情がありそうなので立ち入って聞いてみると、「いまのうちにお世話になった人たちに会っておきたいんです」と言う。

案の定、心の病気が悪化して世を去ることを考えているのです。

私はとにかく非現実的な話から現実的な話に戻すため、「確かＩＴ関係の仕事をする夢がありましたよね？　どこまで進みました？」とか、「会社設立の手続きはそれほど難しくないですよ。会社のはんこを作ったら、公証役場へ行って……」といった感じで地に足が着いた話をいろいろして、とりあえずその日は冷静さを取り戻してもらいました。

でも、当然それだけでは彼を非現実の世界から完全に引き戻すのは難しく、一筋縄ではいきません。なぜなら、彼は身をもってスピリチュアルを経験しているからです。スピリチュアル的な効果があると言われて飲んだ水が、腰痛に繋がる脳の力みを取った結果なのですが、彼は自分の身体でスピリチュアルを経験しているので「それはただの暗示です」といったことを受け入れることができないのです。

○「スピリチュアル」をどう考えるか？

ネット上の情報は約9割がデマだといわれていますが、それは催眠の情報も例外ではなく、「催眠を使って潜在意識を書き換えれば、たちまち人生が好転して幸せな生活が送れるようになる」とか、「潜在意識に悪い暗示が入っているから悩むのであって、潜在意識に直接アクセスできる催眠状態で良い暗示に上書きすれば、悩んでばかりの毎日から一瞬で脱出できる」などといった情報が蔓延《まんえん》しています。

でも、それは大きな間違いで、**催眠状態だからこそ潜在意識の書き換えはできない**のです。

催眠状態では**『催眠性解離《さいみんせいかいり》』**というものが起きていて、その人のアイデンティティやパーソナリティには影響を与えないようになっています。

ちなみに、精神病理でいう「解離」(自我防衛機制《じがぼうえいきせい》)とはまったく違うものです。

催眠性解離を説明するためにみなさんの経験の中で最も近いものを挙げるなら、睡眠中に夢を見ているときだといえばわかりやすいかもしれません。

職場で殺人事件が起きた夢を見たとして、あなたは職場が怖くなって仕事に行けなくなるでしょうか？　そんなことはないと思います。夢を見た直後だけ「あー怖かった……」と感情が動く程度でしょう。これは解離状態になっていて、感情も身体も体感はしているけど、夢自体はアイデンティティにもパーソナリティにも影響を与えないからです。そして、この**解離状態こそが催眠最大の特徴**なのです。

催眠中はその人が変わらなくて済む分しか暗示に反応しないようになっています。それは本人が望んでいる暗示であろうとなかろうと関係ありません。普段の自分を守ろうとする潜在意識の性質そのものが暗示を跳ね返してしまうのです。だから**潜在意識が活性化する催眠では、その状態が深ければ深いほどその人を変えようとする暗示は入らないようになっている**のです。

しかし、夢を見たあとで、「蛇の夢を見たら悪いことが起きるんだよ」と言われたら、しばらくの間は気になると思うんです。見た夢の影響を受けた形になるわけです。

でも、これは後付けの暗示に影響を受けているのであって、夢自体の影響を受けているわけではありません。「蛇の夢を見たら悪いことが起きる」といった話を聞いたことがなければ、蛇の夢を見たことをいつまでも引きずったりはしませんよね。

催眠でいうなら、催眠状態で与えられた暗示は感情や身体が反応するだけで、その人がその人であるための大切な部分は、たとえそれが良い暗示であろうと悪い暗示であろうと響かないようになっているのです。

催眠術ショーを見ていてもわかると思います。海で泳いでいるところを暗示されて、「サメが襲ってきたから逃げてください！」と言って恐怖を与えても、海が怖くなって被験者がもう海水浴に行けなくなるようなことはありません。山を散歩しているところを暗示されて、「蜂が襲ってきたから逃げてください！」と煽って不安を与えても、その後、被験者が山に行けなくなることもないのです。

ただ、安定した催眠状態では催眠性解離が起きているため、その人が変わってしまうような暗示は入らないとしても、これが普段の覚醒状態でマイナスの暗示を与えられた場合は容易に反応してしまうのです。

たとえば、占い師に「あなたは1週間後に赤い車にはねられて死にますよ」と言われたら、赤い車を見るたびに不安になると思います。道路で赤い車が走ってくるのを見たら、電柱の陰に隠れたり、壁の後ろに隠れたりするような行動をとると思うんです。正直いって、こういった暗示を悪用すると、人を重度のうつ病にしたり、統合失調症にしたりすることもできます。

しかし、占い師が「あなたの統合失調症は1週間後に治りますよ」と言っても治りません。なぜなら、その人の中にはまだ統合失調症を治す能力も解決パターン（現在持っているリソースの育て方の知恵と技術）もないからです。反対にこの占い師の言葉で一時的にでも症状が良くなったとしたら、さらに自己コントロールが遠ざかり、治る方向とは逆の方向に行ってしまいます。

心の病気が悪化すると、元々は現実的だった人が「子どもの頃に殺したカエルの祟《たた》りではないのか？」とか「学生時代にイジメた奴の生霊がおれに呪いをかけているのではないのか？」などと、思考がどんどん現実から離れていきます。イジメは絶対にやってはいけないことですが、心の病気とは因果関係がありません。こんなふうに考えてしまうのも症状の一つです。彼らは、自己コントロールできる部分が増えてこそ改善に向かっているのです。

ある男性は、自分の彼女が心身症になり、カウンセリングに通わせるもなかなか治りませんでした。同情した彼は彼女と代わってあげたいと思い、病気を自分に移せば治るのではないかと考え、彼女と一緒に近所の神社に行って「彼女の病気をすべて私に移してください」とお祈りをしたそうです。

するとその直後からどんどん体調が悪くなり、やがて精神科で重度の統合失調症と診断されてしまうのです。一方、彼女のほうはというと、言うまでもなく病気が良くなることはありませんでした。

だからといってスピリチュアル的なものが良くないと言っているのではありません。

たとえば、就職活動をしている女子大生がA社とB社の2社から内定をもらっていたとします。彼女はどちらを選んだらよいかわからない。

そんなとき占い師もしくは霊感者から「あなたのご先祖様はA社に行くようにと言っていますよ」と言われ、A社に入ることに決めます。しかしいざ就職をしてみると、とても嫌な上司がいました。

それでも彼女はきっと「B社に行っていたらもっと悪い上司がいたに違いない」と思うのです。なぜなら、この女子大生にとってはご先祖様が教えてくれたことだからです。

これがもし、自分で選択する決断力のない人が迷いながらもA社に行ったとしたら、上司から嫌がらせをされるたびに、「やっぱりB社に行けばよかった……」と後悔が尽きないはずです。

つまり、占いや霊感は健康な人の悩みを解決するためのものであり、ある種の人には必要なものなのです。


現在、心の病気に悩んでいる人は、焦る気持ちを抑えて、現実的な考え方をしてくれるカウンセラーのところで治療を受けることをお勧めします。

遠回りに感じるかもしれませんが、一日でも早く治りたいのなら、現実に基づいた思考と行動に徹底することです。スピリチュアルな話を楽しんだり、日常生活を良くするために占いを利用したりするのは、心の病気が治ってから思う存分やればいいのです。

また、最近では催眠療法というと、すぐに前世療法を思い浮かべる人も多いと思います。

前世療法は、家族関係がうまくいっていない人や恋愛がうまくいかないといった、日常生活でのいろいろな悩みに対応できる優れたカウンセリングです。しかし、心の病気を患っている人に対しては良い治療法とはいえません。

前世療法は占いなどと同じように、健康な人の悩みに対しては優れた能力を発揮します。しかし、心の病気を患っている人に対しては回復を遅らせてしまうことがあります。

だから、前世療法を行っている催眠療法士（ヒプノセラピスト）は、施術する相手をどうか慎重に見極めてください。

催眠療法は、クライアントを催眠状態に導き、潜在意識に暗示を与えて改善に導くものではありません。本当の**催眠療法は、イメージの世界に移動した臨場感を利用して、心のトレーニングを行うもの**です。それにより、悪癖の矯正をしたり、恐怖突入を繰り返して苦手を克服したりしていくものです。

催眠状態に導いたあと暗示療法を試みることで、余計な暗示を与えてしまい、価値のある脳の弛緩までもが台無しになることが少なくありません。

このように、使い方を間違えてしまうと、せっかくの催眠も価値をなくしてしまうのです。

第2章

催眠術のかけ方

○「ラポール形成」――信頼関係を構築する

まずは基本になる作業を工程ごとに説明していきます。

必ずしもこの工程ごとに進める必要はありません。ここで説明するのはあくまでも基本となる進め方であり、相手の反応の仕方によっては部分的に省略して先の工程へ行っても何ら問題はありません。

さて、催眠術をかけるとき、最初の作業となるのは『**ラポール形成**』です。

ラポールというのは催眠をかける側とかけられる側の間にできる信頼関係のことで、フランス語の橋渡しという意味です。

ラポール形成では、「この人にならば心を委《ゆだ》ねてもいい」と思ってもらうのが理想です。そのためには身だしなみも重要。爪の手入れなども怠らず、手を綺麗にして、服装などもできるだけきちんとしておいたほうがいいでしょう。

逆に「こんな人に催眠をかけられたら何をされるかわからない」などと思われていたら、催眠をかけることは難しくなります。

まずは、被験者を安心させることです。催眠にかかることに不安を抱いているようだと良い結果にはなりません。催眠にかかることへのメリットをちゃんと説明して、とりあえずは「かかってみたい」といった気持ちにさせることが重要です。

雑談などから始め、催眠の説明や質問のやり取りをしながら、その場が和んできたり、被験者の顔に安心が見えてきたら次の作業に入ります。

○「被暗示性テスト」――催眠成功のカギ

ここからは具体的な技法の説明になります。実際に何らかの催眠暗示をかけてみて、相手の反応を観察します。この作業を『**被暗示性テスト**』といいます。

被暗示性テストにはいくつもの方法があるのですが、ここでは振り子テストを使います。

まず、30センチぐらいの糸の先に重りを結び付けて振り子を作ります。

反対側の糸の端を、被験者に親指と人差し指でつまんでもらい、重りが目の高さにくるように手を持ち上げてもらいます。

準備ができたら、振り子が揺れる暗示を与えていきます（写真9）。

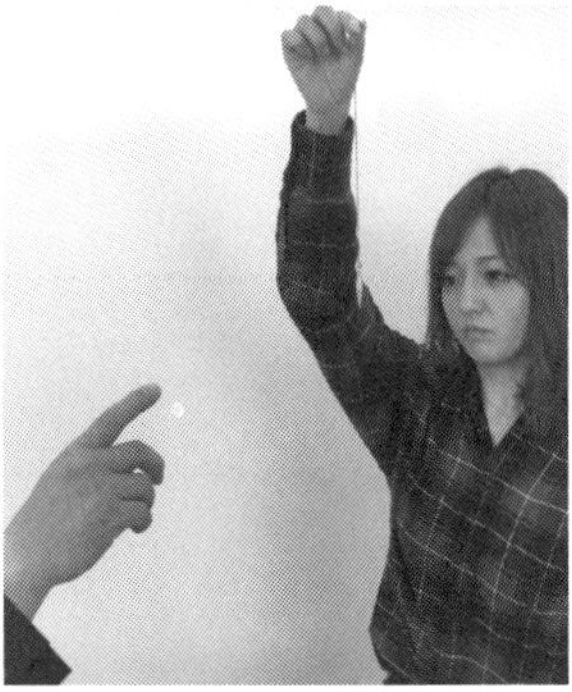

写真9　振り子が揺れる暗示を与えている

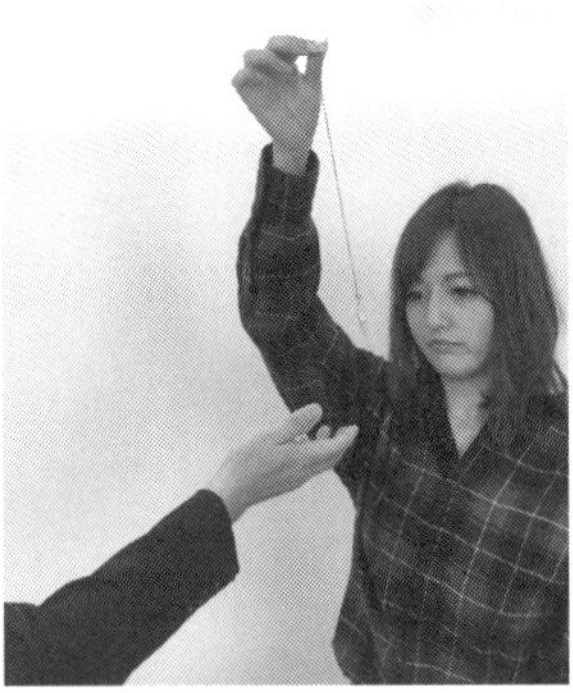

写真10　誘導者が振り子の下に手をもっていっている

「振り子の先端をじっと見つめていてください……そのまま見ていると、振り子が横に揺れ始めます……振り子が左右に揺れる……どんどん揺れてきます……」

このように揺れる暗示を繰り返し、しばらくしても揺れてこないようだったら、振り子の揺れを補助するために目の錯覚を利用します。

誘導者は、被験者が持っている振り子の下10センチぐらいのところに手のひらを近付けて、左右にゆっくり動かしていきます（写真10）。

すると振り子が揺れているような錯覚が起こり、実際に揺れ始めることがよくあります。

少しでも振り子が揺れてきたら、誘導者は揺らしている手を引っ込めて、あとは言葉の力（暗示）だけで「揺れる……もっと揺れる……大きく左右に揺れる……」と繰り返します。

そもそもこの現象は、**被験者が誘導者の暗示に影響されて、振り子を持っている腕を微妙に動かしてしまっているから起こる**のです。この現象が観念運動です。

この程度の小さな観念運動ならほとんどの人が反応します。たまに揺れない人もいると思いますが、そのほとんどはわずかな抵抗です。そんな人には先ほどの振り子の下に手のひらを持っていき左右に振ると、被験者の抵抗心が逆に作用して揺れ出すことが少なくありません。

振り子が大きく揺れ出したら、「今度は揺れが徐々に小さくなる……どんどん小さくなる……そして止まります……」と言って、暗示で振り子の揺れを止めて次に進んでもいいですし、「今度はグルグル回りだす……振り子が円を描きます……どんどん回る……もっと回ります……」と繰り返していろいろ暗示のとおりに振り子を動かし、被暗示性をもう少し高めてから次に進んでも構いません。

もし、被験者が振り子が動いたことにとても驚いているようなら、そのときが最も被暗示性が亢進しているときですから、なぜ振り子が動くのかを説明したり、雑談などを挟まずに次へ次へと進んでいくほうが無駄なく速やかに催眠状態へ誘導していけます。

また、催眠をかけるに当たっては、この**最初の暗示を成功させることが何よりも重要**です。人間性に対する信頼は誘導の前に作るとして、誘導者としての信頼はこの最初の催眠的パフォーマンスで決まるのです。これに成功して初めて被験者の無意識はあなたを催眠誘導者として認めるのです。

もし、最初の暗示に失敗したら、そのあと催眠をかけるだけの信頼を築くのに何倍もの労力が必要になってきます。だから、この最初の被暗示性テストを軽んじることなく、家族や友人に練習台になってもらって、しっかりと型を練習してから本番に臨んでください。

○「筋肉硬直」――信頼をさらに深める

振り子の被暗示性テストに成功したら、あまり時間を空けずに次の作業に入ります。

「私がやっているように右手でこぶしを作ってください……爪は立てないように親指以外の指でこぶしを握ります……」と言いながら誘導者自身が手本を見せます（写真11）。

「そして親指でフタをしたら反対の左手で右手の手首を握り、右手の親指を顔の正面に持ってきてください……それができたら私がこれから言うことをイメージしてください……いま、あなたは右手の中に固まりかけの接着剤を握っています……それをギューッと握り潰してください……ギューッと握り潰すと指の間から接着剤がグニュッと出てきます……もっと握り潰して……手の中に接着剤が残らないぐらいまで握り潰してください……指の間から接着剤がグニュッと出ているところがイメージできたら親指の爪を見つめてください……そのまま親指の爪を見ていると、接着剤がだんだん乾いてきます……親指から目をそらさないで……接着剤が乾いてカチカチに固まりました……私が3つ数えたら右手はカチカチに固まって開くことができなくなります……いきますよ……

3・2・1！　ハイッ！　もう手を開くことはできません！　……手を開こうとしてみてください……絶対に開きません!!」

ここまで手際良く進めることができたら、ほとんどの人が右手を開くことができなくなっているはずです。その様子が見てとれたら、すかさず「手首を握ってい

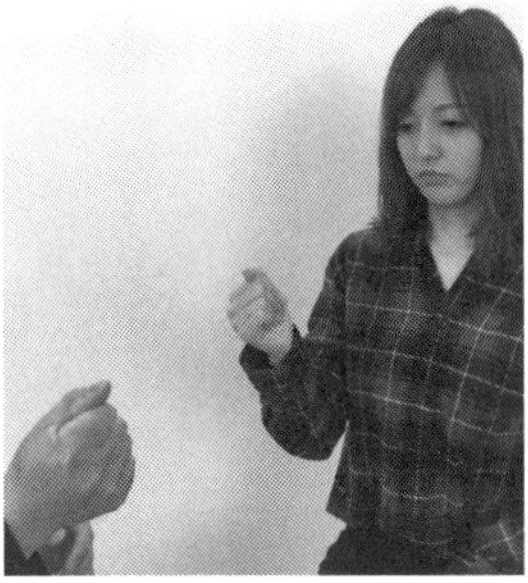

写真11　こぶしを握っている

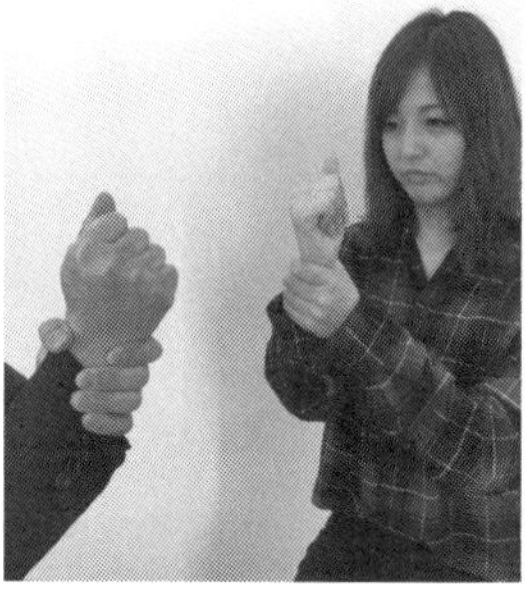
写真12　右手でこぶしを握り左手で右手の手首を握っている

る左手も取れなくなっているのは気付いていますか……？」とか、右手のときと同じように、「私が3つ数えたら手首を握っている左手も離せなくなっていきます……3・2・1！　ハイッ！　もう離せません……離してみて……絶対に離せない！」と言って、左手が右手首から離せなくなる暗示を施します（写真12）。この左手が離れなくなって初めて催眠の暗示にかかったわけで、右手が開かなくなるところまでは半分トリックです。

これもやってみたらわかると思います。こぶしを握って30秒ほど思いっきり力を入れてみてください。30秒経ったら、そのままの手の形で力を抜いてしばらく待ちます。そしてまた30秒経ったら少しずつ手を開いていってみてください。指が固まったような感じになると思うんです。

力を入れてしばらくすると筋肉が固まった感じがするのは当然です。この一瞬固まった感覚に催眠認識を起こさせることができたら、被験者のこぶしは開かなくなります。すると右手が開かなくなったという事実から、さらに強い催眠認識が起こり、左手も右手首から離れなくなります。ここで初めて純粋な催眠にかかったわけです。

この工程の前に行った振り子テストで良好な反応を引き出していれば、右手は簡単に硬直するはずです。

コツとしては、被験者がこぶしに力を入れている時間と力を抜いたあとそのままの形でいる時間が必要ですから、その間、時間稼ぎをしていることを悟られないように、「接着剤を握りつぶすと……」とか「接着剤が固まっていきます……」などと、イメージを誘導していくるかのように言葉かけをしていくことです。

○「弛緩法《しかんほう》」——力が抜ける暗示で催眠導入

次は催眠導入の作業に入りますが、ここでは『**弛緩法**』といって、力が抜ける暗示を与えて催眠に導入していきます。

催眠導入といっても、ここまで順調にきていれば、力を入れる暗示も力を抜く暗示も簡単に入るようになっているので作業はそれほど難しくありません。

作業としては、まず被験者の眼がキョロキョロ動かないように一点を見つめさせます。

誘導者は左手を被験者の肩に置いて、右手の親指を被験者の目の高さから30センチほど高いところにかざし、親指の爪を凝視させながら暗示を与えていきます（写真13）。

「私の親指の爪を見て……一度見つめたらもう目をそらさない……そのまま見ていると、まぶたが重ーくなってきます……まぶたが重ーくなって、力が抜けてくる……力が抜けて、どんどん重くなる……」と繰り返し、被験者の目がトロンとしてきたら「まぶたが閉じていきます……まぶたは重ーくなって閉じていく……どんどん閉じていく……」と繰り返します。そして、被験者がまぶたを閉じたら、すかさず「まぶたが閉じたら全身の力が抜けていきます……肩の力が抜けて……腕の力も抜けて……お腹の力も抜けます……ももの力が抜けて……足の力も抜ける……足首の力も抜けて……心の力が抜ける……そして深ーく眠ります……深ーく、深ーく、ぐっすりと眠ります……」

このように『**閉眼暗示**《へいがんあんじ》』（まぶたが閉じる暗示）に続けて力が抜ける暗示を与えていけば、被験者は催眠状態になります（写真14）。ただし、ここで重要なのがリードの概念です。初心者の多くがこの工程でつまずくように、催眠誘導の基礎となる大事な部分なのでしっかり

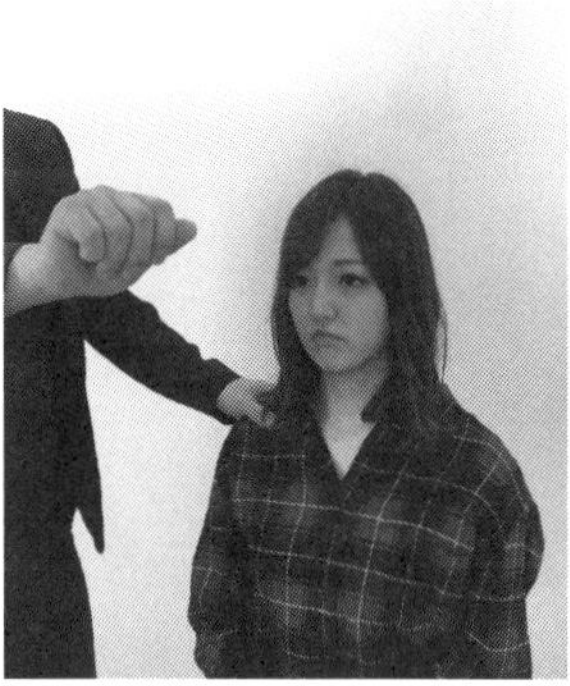

写真13　誘導者の指の爪を被験者が凝視している

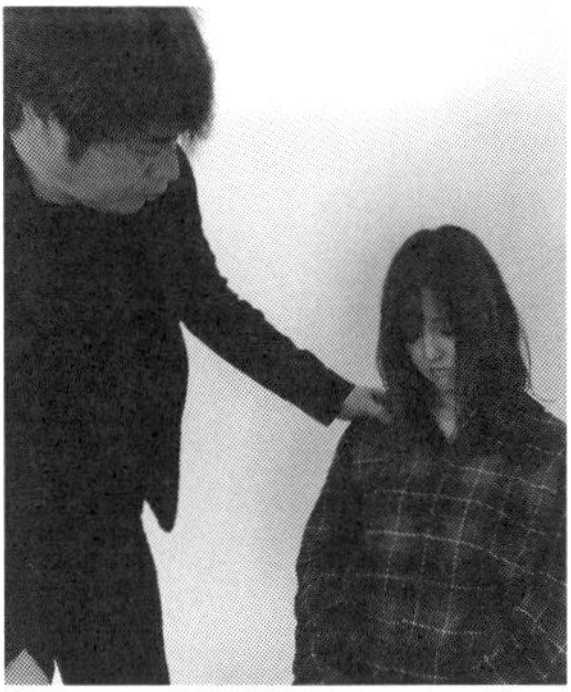

写真14　脱力して催眠状態になっている

と練習する必要があります。

催眠誘導というのは、被験者の意識を催眠状態に誘導していくリードです。少しずつ先へ先へと引っ張っていってあげないといけません。

たとえば、閉眼暗示なら「まぶたから力が抜けて……まぶたが重ーくなる……」などと繰り返し、被験者のまぶたが下がってきたら「まぶたが閉じていく……まぶたが閉じる……」と繰り返し、まぶたが閉じる寸前のところまできたら、「まぶたがピタッと閉じる……まぶたがギュッと閉じてしまう……まぶたは閉じてしまいました……まぶたが閉じると、今度は体の力が抜けていきます……」といった具合に誘導していきます。

これが、被験者のまぶたはもうピクピク痙攣《けいれん》しながら閉じかけているのに、「まぶたが重ーくなります……」などといつまでも繰り返しているのはリードになっていません。逆に、まだまぶたが重くなっている気配もないのに「まぶたが閉じてきました……」などとやってしまうと、被験者は「まだ閉じてないのに……」と違和感を抱き、暗示の信憑性《しんぴょうせい》が薄れていくのです。これもリードになっていないので、被験者と誘導者の信頼関係が弱くなっていくわけです。

だから、誘導が始まったら被験者から目をそらさないようにして、しっかり観察しながら次へ次へと少しずつリードしていくことが肝心なのです。

○「腕浮上《うでふじょう》」——被暗示性を亢進させる

弛緩法で脱力させて催眠に入れたら、さらに被暗示性を高めて臨場感をイメージの世界へ移動させていきます。ここでは『**腕浮上**』という技法を使います。

「……私がこれから言うことをイメージしてください……あなたの右腕が綿のように軽ーくなっています……綿のように軽ーくなって、下から風に吹かれると、フワッと浮き上がってしまいそうです……その軽くなった右腕に、風船を結び付けました……イメージして……その風船に引かれてあなたの右腕は高く上がっていきます……さあ、想像して……風船に引かれるところをイメージすると、実際にあなたの右腕は軽くなって上がっていきます……そうです……少しでも上がるといい気持ちがします……どんどん軽くなります……軽ーくなって、どんどん上がっていく……高ーく、高ーく上がっていきます……まるで手に羽が生えたみたいに軽ーくなって、フワフワと上がっていきます……」

このように、腕が軽くなって上がり出すという暗示を続けていると、やがて被験者の腕は実際に上がり始めます（写真15）。腕浮上は被暗示性を高める有効な手段なので、地味な作業ですが、おろそかにせず根気よく行ってください。

頭の上まで上がる人、肩の高さで止まる人、胸のあたりまでしか上がらない人、いろいろな人がいると思います。中には催眠状態に入っていながら、なかなか上がってこない人もいるかもしれません。もし、なかなか上がり出さないようなら、被験者の手首のあたりをそっと撫でてあげてみてください。**人は触れられた部分を強烈に意識する性質を持っている**ので、腕浮上の暗示を繰り返しながら、手首の上側を何度か撫でてあげると意識がそこに集中して

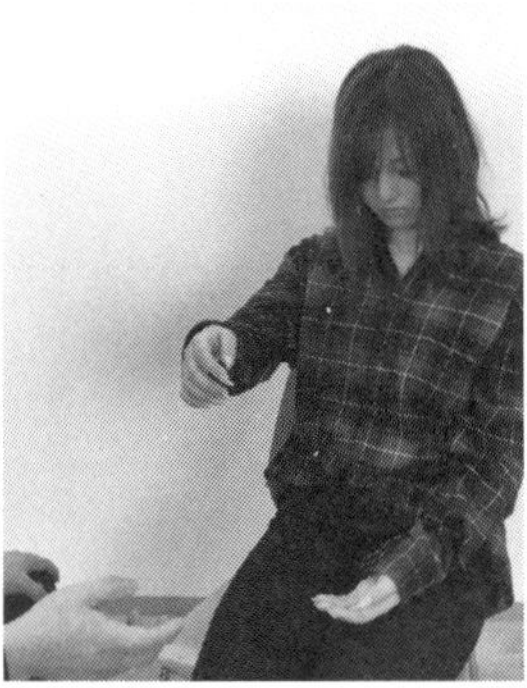
写真15　被験者の右腕が高く上がっている

上がってくることがよくあります。

それではここで、腕浮上の成功率をさらに高めるために、プロが使っているテクニックを紹介しましょう。

誘導者はただ単に暗示を与えるのではなく、被験者の呼吸を観察しながら、**息を吐くタイミングに合わせて暗示を与える**のです。

人は息を吸うと肺が膨らみます。この肺の膨らみが腕を持ち上げるための手伝いをしてくれます。被験者が息を吐いているときに誘導者が「腕がどんどん上がってきます……」と言い、息を吸っているときには暗示の効果を被験者が確かめている感じです。

ただし、こちらが肺の膨らみに暗示のタイミングを合わせていることに気付かれてはいけません。気付かないようにやるから被験者は暗示されたとおりに腕が自然と持ち上がっていくことを不思議に思い、臨場感を誘導者が作り出す世界に移動させていくのです。

うまくタイミングを合わせるには少し練習が必要ですが、最初はできる範囲でいいですから、タイミングを意識しながら腕浮上の暗示を根気よく繰り返してください。

そして、ある程度のところまで腕が浮上したら、今度は上がった腕を下げていきます。

「さあ、今度はあなたの腕に重りがつきました……大きな重りのせいで腕は自然と下へ降りていきます……どんどん降りていく……大きな重りのせいで、下へ下へと降りていきます……」

このように暗示を繰り返し、腕が下まで降りたらさらに催眠を深めていきます。

○「階段法」——脱力させて催眠を深める

腕浮上が終わったら、そのまま階段を下りていくイメージを与え、さらに脱力を深めていくのですが、ここでも呼吸のタイミングを利用します。

ただし、先ほどの腕浮上では、被験者が息を吐くときに暗示を与えましたが、この『**階段法**』ではタイミングを逆にして、被験者が息を吸うときに暗示を与えます。

人は息を吸うときに緊張を司《つかさど》る交感神経《こうかんしんけい》が優位になり、息を吐くときにはリラックスを司る副交感神経が優位になります。つまり、**息を吸うときには身体が無意識に緊張し、息を吐いているときには無意識に力が抜けるようになっている**のです。この人間が持つ自然のリズムを利用するわけです。

「……イメージしてください……いまあなたの目の前に下りていく10段の階段がありま す……私が一つ数を数えるたびに、あなたはその階段を一つずつ下りていきます……1 段下りるごとにあなたは身体から力が抜けて、深い催眠状態に入っていきます……」

このように暗示をしたら、被験者の呼吸に合わせて数を数えていきます。ただし、ここでも呼吸に合わせて数を数えていることを気付かれないようにしないといけません。被験者が息を吸っているときに「ひと〜つ」と言いながら、息を吸い終わるほんの少し前で暗示が終わるようにタイミングを合わせます。

誘導者が「ひと〜つ」と暗示を言ったあと、被験者は本当に力が抜けるのかを確認するために、自分の身体に意識を向けます。そのときには息を吐いているので、被験者は身体から力が抜けていくのを実際に体感します。

これにより、被験者は「本当に暗示で力が抜けている」と思い、催眠認識を起こします。階段が10段ですから、すべてのタイミングを合わせることができたら小さな催眠認識を10回も起こすことができるのです。

腕浮上同様、呼吸のタイミングを合わせるには少し練習が必要ですが、この方法を施すたびにタイミングを意識していると、そのうちうまく合わせられるようになります。

ちなみに、**催眠が浅いときは被験者の呼吸が乱れている**ので、タイミングは合わせにくくなります。だから、タイミングを合わせるときに楽をしたかったら、そこまでの作業を丁寧に行い、少しでも催眠を安定させておくことです。

乱れた呼吸にタイミングを合わせようとすると、大事なリズムが崩れてしまいます。中には「被験者が息を吸っているときにしゃべって、吐いているときにはしゃべらなければいいんですよね？」と言われる方もいるのですが、数を数えるときのリズムが崩れると、被験者に違和感を与えたり、呼吸に合わせて数を数えていることに気付かれてしまうので、**呼吸合わせとリズムのどちらかを優先しなければいけない場合は迷わずリズムのほうを優先**してください。10回の呼吸すべてに合わせることができなくても、リズムを壊して違和感を与えるよりはマシです。

それから、ときどき初心者の方で、階段法で数を数えているとき、数と数の間で余計な言葉を入れる人がいます。

たとえば、「ひとーつ……ふたーつ……どんどん抜けていく……みっつー……スーッと抜けていく……」などとやるのですが、「どんどん抜けていく……」も「スーッと抜けていく……」もいりません。階段を下りるイメージの邪魔になるだけです。

数を数えるといえば、「私が数を数えると催眠状態が深くなります」と暗示して、ただ数を数えるだけの**『逆算法』**という深化法があります。この方法においても、被験者の催眠状態が安定していれば、早口で数を数えるだけで被験者はそれに合わせて反応してくれます。でも、まだ深化が必要な段階にいる被験者には、やはり呼吸を観ながらタイミングを合わせる必要があります。

たとえば、「10・9・8・7・スーッと抜けていく……6・5・4・3・深ーく沈んでいく……2・1・0……心の力が抜ける……」といった具合に、被験者が息を吸っているときに「10・9・8・7」と数を数え、吐いているときに「スーッと抜けていく……」などの擬音語を使ってタイミングを合わせます。

ときどき「キャリアが10年」だとか「1万人に催眠をかけてきた」などとキャリアを自慢する催眠術師がいますが、階段法や逆算法といった深化法を使うときによそ見をしているような催眠術師だったら、見習うような部分はどこにもないと思います。呼吸のタイミングを合わせるという、初歩的な知識すらない人のキャリアが10年であろうと20年であろうと、それはただ年数が過ぎ去っただけのこと。ただ数を逆に数えるだけの深化法は素人の技法です。

催眠誘導を行っているときは1秒たりとも被験者から目を離さないように心掛けるようにしてください。

○「感覚操作」――冷感温感を支配する

階段のイメージを使った深化法で被験者が下まで下りたら、そのままイメージの誘導を続けます。

「……さあ、下まで下りました……下に下りると目の前に扉があります……扉を開けて外に出ましょう……外に出ると晴れ晴れとしたとってもいい天気です……あなたは散歩に出かけます……散歩をしていると、さっきまで晴天だった空が暗くなってきました……雨雲です……ポツン、ポツンと雨が降ってきました……なぜかとっても冷たい雨です……あっ、本降りになってきました！　……すごい雨です!!　……冷たい雨のせいで体が寒くなってきました……寒い、寒い！　……あっ、すぐそこにコンビニがあります……雨宿りをしましょう……さあ、コンビニに入りました……中に入ると、暖房が程良く効いているので落ち着いてきました……とっても暖かくていい気持ちです……あれ、でも暖房が強過ぎるような気がします……なんだか暑くなってきました……空調が壊れているみたいです……暑い、暑い！　……さっきの雨で濡れた上着が乾いてしまうぐらい暑いです……暑い、暑い！　……さあ、私が３つ数えたら深く眠ります……３・２・１！　眠って……深ーく眠って……深ーく眠って……そして心の力が抜ける……」

このように誘導して、身体が寒くなる暗示と、正反対の暑くなる暗示を与えたら、脱力暗示（ここでは「眠る」という暗示）を与えて催眠を深くします。

こんなふうに、正反対の状況を暗示することで被暗示性の高まりに柔軟性を持たせることができます。そして、柔軟性を与えた分だけ催眠を深めるために脱力暗示を与えるのです。

ちなみに、この中程度の催眠状態になると、**視覚**、**聴覚**、**触覚**、**嗅覚**、**味覚**といった五感はすべて操作できます。わさびを甘くしたり、玉ねぎをリンゴの味にしたりするのはこの段階ですね。

○「感情操作」――喜怒哀楽も思うままに

感覚支配の『**冷感暗示**』と『**温感暗示**』を与えて催眠を深くしたら、次は感情に対する暗示を与えることで、さらに催眠を深めていきます。

「……深ーく眠って……深ーく眠って……そして心の力が抜ける……さあ、次に私が3つ数えたら、あなたは悲しくて悲しくてたまらなくなります……悲しい気持ちが込み上げてきてどうにもなりません……どんどん悲しくなります……こんなに悲しい気持ちは子どものとき以来です……悲しくて悲しくてたまりません……さあ、3つ数えたら深く眠ります……3・2・1！　眠って……深ーく眠って……」

このように、一度眠らせてから次の暗示を与えてもいいですし、そのまま眠らせずに次の感情に対する暗示を与えても構いません。

「……深ーく眠って……そして心の力が抜ける……次に3つ数えたら今度は面白くて笑いが止まらなくなります……3・2・1！　……ほら、可笑しくなってきた！　……面白くて面白くてたまらない！　……まるで笑い薬でも飲んだみたいです……可笑しい、可笑しい！　……我慢すればするほど可笑しくなってくる……お腹がよじれそうなぐらい可笑しくて笑いが止まりません……はい、３つ数えたら深く眠ります……3・2・1！　眠って……深ーく眠って……深ーく眠って……そして心の力が抜ける……」

こういった具合に感情を揺さぶることでも、被暗示性を高めることができます。感情を揺さぶったらまた脱力暗示を与えて催眠を深くします。この段階になると、**喜怒哀楽**をはじめとするすべての感情を操作できます。

○「年齢退行」――深い催眠状態で有効な深化法

被験者が順調についてきているようなら、この辺りから深催眠《しんさいみん》の暗示を試みてもよいでしょう。オーソドックスなものでいうと、「あなたは自分の名前を思い出せない」とか、「あなたは6と8の間の数字を思い出せない」などといった『**健忘暗示**』がよく使われるのですが、ここでは催眠療法でよく用いられる『**年齢退行**』という技法で深化させます。

「……深ーく眠って……深ーく眠って……そして心の力が抜ける……これから私があなたの年齢を逆に数えていきます……それにつれてあなたは過去へ戻って行きます……ではいきますよ……31歳……30歳……29歳……」

こんな具合にゆっくり数えていき、ある程度の年齢まで退行させたら、「あなたは何をしていますか？　……どこにいますか？　……」などといろいろインタビューをしてもいいですし、0歳まで退行させても大丈夫です。

ただし、年齢退行は、強いトラウマ（過去に受けた心の傷）を持った人や精神科に通っているような人に施すと、『**除反応**《じょはんのう》』といって、過去に体験した恐怖がそのまま蘇り、取り乱してしまうことがあります。少々の除反応ならいいですが、強い除反応が出たとき、初心者には手に負えなくなると思うので、専門的な勉強をしていない人はこの工程を省いたほうがよいかもしれませんね。

それから、年齢退行の危険性はこれだけではなく、覚醒させるときにも配慮を怠らないようにしないといけません。

年齢退行を行ったら、必ず催眠を解く前に「3つ数えたら深く眠ります……3・2・1！眠って……深ーく眠って……深ーく眠って……そして心の力が抜ける……」と言って、**一度深い催眠に入れて退行をリセットしてから覚醒させるか、退行させた年齢を元に戻してから覚醒させるようにしてください。これは絶対条件**です。

記憶支配の段階に突入している被験者に年齢退行を施した場合、被験者の中ではただの想像ではなく、身体に『**リカピチュレーション**』が起きています。

リカピチュレーションというのは、たとえば、あなたがとても不愉快になったときのことを思い出すと、そのときの感情が蘇ってくると思うんです。しかし、蘇っているのは感情だけではなく、あなたは気付かないかもしれないけど、脈拍、血圧、体温、その他いろいろなところが影響を受けるのです。

もし、被験者を4歳まで退行させたとして、そのまま催眠を解いたとします。すると、催眠からは覚めても、身体にはリカピチュレーションが起きているので、身体は退行した状態から元に戻っておらず、また身体の状態に引っ張り込まれるように催眠状態に戻ったり、目覚めても退行した状態（リカピチュレーションが起きた状態）がしばらく続いたりするのです。

世の中には催眠療法の勉強もろくにせず、簡単な催眠術のかけ方を覚えただけで催眠療法士として開業している人もたくさんいます。そういった初心者の多くがリカピチュレーションの知識などはなく、危険性もわからずにクライアントをとっていることが少なくないのです。こういった催眠療法士に当たってしまったクライアントは、自然覚醒を待つしかありません。

催眠は放っておいても勝手に元に戻るとはいえ、やはり施術が終わったらその場で元に戻して帰すのは最低限の礼儀です。

○「人格変換」――無意識の演技能力を引き出す

深い催眠に入り被暗示性が亢進してくると、記憶に関わる暗示だけでなく、『**人格変換**』という奇妙な現象を起こすことができるようになります。

たとえば、「あなたには嫌いな上司がいますか?」と聞いて、被験者が「はい……」と答えたら、「私が3つ数えたら、あなたがその上司になります……3・2・1！　……あなたのお名前は?」と聞くと、嫌いな上司の名前を答えます。

そのまま「会社ではどんなストレスがありますか?」とか、「あなたの悩み事を聞かせてください」などと言って、いろいろインタビューをすると、被験者は嫌いな上司になりきって愚痴を話し始めたりするのです。

そのあと被験者の催眠を解いて話を聞くと、「あの上司は上司でいろいろあるんですね……」と、相手の立場を理解できるようになり、心が緩和されてストレスから解放されることがあります。

ちなみに、当然のことですが、人格変換というのは名前だけで、本当に人格が変換しているわけではありません。だからカエルだろうとウサギだろうと、たとえ洗濯機だろうと、人格のないものにまで誘導者の言ったとおりになりきって振る舞います。

すべては**被験者の想像とイマジネーションによって振る舞っているだけ**です。

催眠にかかっているときは、無意識のうちに暗示されたとおりに振る舞ってしまうのですが、それでも被験者はとても冷静に自分を客観視しています。

だから、「あなたは私のことが好きで好きでたまらない私の恋人です」と暗示しても、想像とイマジネーションからそのような振る舞いをしているだけで、本当に好きになっているわけでもありませんし、そんな暗示で自分の恋人にすることなど到底できないので勘違いはしないでくださいね。

○「幻覚支配」――最も深い催眠現象

記憶支配の段階より、さらに被暗示性が亢進した場合は、目を開けた状態でも幻覚を見せることができます。

「私が3つ数えたらあなたは気持ち良く目を覚まします……そして目が覚めたあと、私が上を向いてと言うと、あなたは自分の頭の上に大きなUFOが浮かんでいることに驚くでしょう……でも、その場から逃げ出す必要はありません……なぜなら、そのUFOはあなたに危害を与えないからです……では3つ数えます……3・2・1!! ハイッ! 目を開けて……目は覚めましたか? ……上を見てください……」

被験者によってリアクションは違いますが、「どんなUFOですか?」「中に誰か乗っていますか?」などといろいろインタビューすると、それに応じて話し始めます。

このとき被験者が見ているのは、本人のイマジネーションを視覚化したものです。しかしそれは被験者の想像や思い込みではなく、誘導者が暗示したものが本当に見えているのです。でも、本当に見えたからといって、被験者の中に「私はUFOを見たことがある」という記憶が残るわけではありません。あくまでも「催眠術でUFOの幻覚を見た」という記憶が残るだけです。

つまり、催眠術を使っておかしな記憶を埋め込むなどといったことはできないのです。

たとえば、これが催眠ではなく、目覚めの寝ぼけた状態だとして、部屋の窓を開けたら、煙が立ち上るような雲があったとします。もし、それを初めは龍と見間違えて、目をこすり、もう一度見直したときには、雲に見えたとします。

こんな場合、「一瞬寝ぼけて雲が龍に見えた」と思う人はそこで終わりますが、これを「部屋の外に龍がいたが、私が見た瞬間に雲になった」と思う人は、龍を見たといった記憶が残り、なにか機会があるごとに「私は龍を見たことがある」と吹聴《ふいちょう》することでしょう。

しかし、催眠ではこのような勘違いすら起こりません。それが催眠術であり、潜在意識が見守る中で自分が変わらなくて済む分だけしか暗示に反応しないということです。

さて、催眠の導入から深い催眠までの誘導を、一つの例を挙げて説明してきました。

被験者がどこまでついて来るかはわかりませんし、最初からついて来ない人もいるかもしれません。逆に、かかりやすい状態になっている人なら、順番どおりに進めなくても、最初の振り子などを省いていきなり『**筋肉硬直**』（カタレプシー）の暗示から開始しても大丈夫です。また、途中から急に反応が良くなったと思ったら間の工程を省いてもまったく問題はありません。

技術が向上してくれれば、それだけ深い催眠に導ける確率もどんどん上がっていきます。

催眠は練習によってスキルアップしていくものです。頭で考えるだけではうまくなりません。

無駄なく速やかに**スキルアップするコツは、インプット（知識の落とし込み）とアウトプット（実技の練習）をバランス良く行うこと**です。知識を得たらそれを練習して、また知識を得たら実行に移すといった繰り返しです。

それでは誘導の最後に『**覚醒法**』（催眠術の解き方）を詳しく説明したいと思いますが、その前にリテラリーとコンジェクチャーについて述べておきます。

○「リテラリー」と「コンジェクチャー」

プロの催眠関係者も一般の方も参加できる、ある催眠愛好家のイベントに参加したときのことです。

椅子に腰かけている被験者に「あなたが目を覚ますと、腰から下の力が抜けてしまって椅子から立ち上がることができません」と暗示を与えている催眠術師がいました。かかり具合の良い被験者ということもあり、見事に立てなくなっていました。

　そのあと、催眠を解くために、「では力が戻ります」と言って催眠術師は「パン！」と手を叩きます。でも、被験者は立てません。催眠を解いたつもりなのに解けていないことに少し焦り気味になった催眠術師は「今度は完全に力が戻ります！」と言って、また手を叩いて「パン！」と音を出したのですが、それでも被験者は立てない。

　その催眠術師がなぜかこっちを向いて助けを求めるような顔をしたので、私は「3つ数えたら普段のあなたに戻って椅子から立ち上がることができると暗示を与えてみてください」と言うと、催眠術師はその通りに暗示を与えて被験者はすんなり立ち上がりました。

　その催眠術師は私に「ありがとうございました」と言いながら小さく何度も頭を下げていましたが、この被験者が立てなかった原因として、椅子から立てなくするときには「あなたが目を覚ますと、腰から下の力が抜けてしまって椅子から立ち上がることができません」と暗示を与えています。だから解除するときには「力が戻る」という暗示と「立ち上がることができる」という暗示を与えなければいけません。しかし、この催眠術師は「力が抜けてしまう」という暗示は解除しましたが、「立ち上がることができない」という暗示は解除していませんでした。このように、ニュアンスではなく、暗示に対し、リテラル（文字どおり）に反応する状態を『**リテラリー**』といいます。これに対し、誘導者の言葉足らずの暗示を被験者が推測して反応する現象があります。

たとえば、誘導者が被験者の片方の手を取り、そっと胸のあたりまで持ち上げます。そしてゆっくり離していくと、被験者の腕にカタレプシーがかかり、宙に浮いたままになることがあります。

ここでは具体的な暗示は与えておらず、被験者が勝手に「私は腕が浮いたままになる催眠をかけられているんだな」と推測して反応しているのです。これを『**コンジェクチャー**』といいます。無意識の忖度《そんたく》とでもいえばわかりやすいでしょうか。

コンジェクチャーは誘導者が意図を表に出さない分、被験者の自尊心を傷付けず、内側から暗示を引き出すため、被験者が抵抗心を抱くことは少ないのです。しかし、暗示が言葉足らずで与える情報が少ない分、常に被験者の中で推測思考が働くので、意識水準が一定のところから下がらなくなります。そのため催眠の深まりも途中で止まることが少なくありません。

だから間接的で遠回しな言い方をする『**現代催眠**』はコンジェクチャーを多用するので作り出す催眠状態が平均して浅かったりするのです。

被験者を深い催眠に誘導するのがうまい催眠術師は、リテラリーを重視しています。

たとえば、脱力暗示で催眠に入れるときも、「身体の力が抜けてくつろいでいきます……体中の筋肉がほぐれていきます……そして深い催眠に入っていきます……とっても落ち着いた気持ちになって眠くなります……そしてぐっすりと眠ります……深くぐっすりと眠ります……」といった具合に身体や感覚に起きる変化をきちんと伝えます。「あなたは深い催眠に入っていきます……はい、スーッと、スーッと、スーッと……」などと言葉を端折ったりはしないのです。

感情を操作するときも、優秀な催眠術師は、「面白くて笑いが止まらなくなります……ほら！　可笑しくなってきた……もっと可笑しくなる……お腹がよじれそうなぐらい面白くなってきた……こんなに面白いのは初めてです……」といった具合に、こちらの言語の世界に移動させるようにしっかり言葉で伝えます。「笑いが止まらなくなります……」と言ったら、あとは「面白さ10倍、100倍、1000倍……」などと誘導者のほうが楽をすることはあまり考えないし、言葉を節約したりはしないものです。

すべての暗示を被験者が頭を使わなくて済むようにしてあげてください。できるだけ具体的に細かい描写で暗示をしてあげることで、被験者は何も考えないで済むようになります。

すると、被験者は思考を静止していき、意識水準をどんどん下げていきます。そして、意識水準の低下に反比例するかのように、被暗示性はグングンと高まっていきます。**被暗示性が高まると、リテラリーにもコンジェクチャーにもよく反応するようになる**のです。

これはある催眠術ショーでのエピソードです。

ステージの上の催眠術師が、数百人の観客席に向かって催眠誘導を行い、深い催眠に入った数名をステージに上げて、目が覚めたあとで幻覚が起きる催眠をやっていました。

全員にスリッパを一つずつ持たせ、犬が好きな人には「スリッパが犬に見える」と暗示し、猫が好きな人には「スリッパが猫に見える」と暗示を与えて催眠から覚醒させます。

この催眠術師は一人ずつインタビューをして、その都度暗示を解いていきたかったみたいですが、1人目の暗示を解くときに、大きな声で「催眠が解ける!!」と言って解除してしまったのです。

そのあと、隣の被験者のところで「それは何を抱いているんですか?」と幻覚が見えているることに確信を持っていた催眠術師は自信満々でインタビューをするも、「スリッパです」と言われて、首をかしげているんです。

なぜかかっていないのか理解できなかったのだと思いますが、かかっていなかったのではなく、1人目の暗示を解くときに大きな声を出して「催眠が解ける!!」などとやってしまったから、ステージの上にいる全員の暗示が解けてしまったのです。

これは、ステージ上の被験者全員がリテラルに反応する、いわゆるリテラリー状態になっている証拠です。

しかし、リテラルに反応する良き被験者であるがゆえに、解除のときにはその方法に配慮が必要です。

複数の被験者にかけた暗示を一人ずつ解いていきたいときに、「解ける」や、「元に戻る」といった言葉を使うと、まだ解きたくない他の人の暗示まで解除されてしまう。こんなときこそコンジェクチャーを使うのです。

スリッパを抱いている被験者に「それは本当に犬ですか？」と聞いて錯覚を意識させたあと、目の前で指をパチンと鳴らすとコンジェクチャーが起きて、その人だけ暗示が解けます。もし、解けなければ、何度か指を鳴らすか、「目を閉じて……さあ、目を開けて……」などと、暗示を解きたい被験者だけにそれらしいしぐさをすると暗示は解けます。

このように、**コンジェクチャーはそれが必要なときにだけ使い、それ以外はリテラリーを**

メインに使うのが深い催眠に導くコツなのです。

○催眠術の解き方

催眠術を行うときには、すべての暗示の基本となる『**前暗示**』『**刺激**』『**追い込み暗示**』といったパターンがあります。

たとえば、催眠術で被験者の身体を後ろに倒したいときには、次のように暗示を与えていきます。

「私がハイッ！と言ったら、あなたの身体は後ろに倒れていきます……ハイッ！　……さあ、あなたの身体は後ろに倒れていく！　……もっと倒れていく！　……どんどん倒れる！　……もっともっと倒れていく！　……」

このとき、「私がハイッ！と言ったら、あなたの身体は後ろに倒れていきます……」と言う部分を『前暗示』といって、これから起こるであろう現象を予告します。

そして、前暗示の中で「私がハイッと言ったら身体が後ろに倒れていきます……」と言っているので、合図になる『刺激』が次にくる「ハイッ」の掛け声になります。もし、『前暗示』の中で、「私が3つ数えたらあなたの身体は後ろに倒れていきます……」と言っていたら、『刺激』は「3・2・1!!」の掛け声になるわけです。

そして、『刺激』を与えたら、すかさず「身体が後ろに倒れる！……もっと倒れる！……どんどん倒れる！……」といった具合に追い込んでいきます。この部分を『追い込み暗示』といいます。

この誘導暗示の基本パターンは、催眠を解くときにも同様で、『前暗示』『刺激』『追い込み暗示』を使って催眠から覚醒させていきます。

「私が3つ数えたらあなたは気持ち良く目を覚まします」と前暗示をしたら、「3・2・1」と刺激を与える。そして「ハイ！覚めました。さあ目を開けて、とってもいい気持ちです……」と言いながら、被験者が目を覚ますまで追い込み暗示を続けます。

「私が3つ数えたら、目が覚めます、3・2・1」と言って、あとは黙って見ているだけでは、一度の覚醒法で催眠から覚めない人がいても不思議はありません。やはり『前暗示』『刺激』『追い込み暗示』といった暗示の基本が覚醒法のときにも重要なのです。「3・2・1」と刺激を与えたら、「……ハイッ！　目を覚ましてください……目を開けて！　……しっかりと目を覚ましてください……とってもいい気持ちです……」といった具合に、被験者がしっかりと覚醒するまで追い込み暗示を与えてあげてください。

また、導入の際には脱力暗示を多用するので、基本的に覚醒させるときにも「目が覚める」という暗示と「力が戻る」という暗示、そして「すっきりと気持ち良い」という暗示を含めます。それ以外は余計なことを言わないようにします。

初心者は、往々にして余計なことを付け加える傾向があります。必要なことは言わなければいけませんが、必要のないことは言わないようにしてください。催眠が上手な誘導者は必要なことだけを言うものです。

ところで、私がまだ若い頃、ある小規模の催眠術ショーを見る機会がありました。

小さなライブハウスで行われたのですが、40人ほどの観客からかかりの良い4人の被験者がステージに上げられました。

選ばれた被験者がステージに上がってから、30分ぐらい誘導したあとだったと思います。

一度目の覚醒暗示が与えられました。「3つ数えたらスッキリはっきり目覚めます……3・

2・1！　ハイッ!!　……目を覚ましてくださ～い！　……朝ですよ～、目を覚ましてくださ～い……おはようございま～す……起きてくださ～い、朝ですよ～、おはようございま～す……」と催眠術師がやっているとき、ステージ上で1人の男性が、両手の中指でコメカミを押さえ、苦痛な表情を浮かべているんです。

催眠術師が「どうしましたか？」と聞くとその男性は、「頭がボーッとして……」と言います。そして、先ほどとまったく同じように、この男性だけにもう一度覚醒暗示を与えたのですが、やはり男性は眉間にしわを寄せて「頭がボーッとしてます……朝の寝起きのような感じです……自分、低血圧症で朝がダメなんです……」と言う。

この催眠術師はリカピチュレーションが起きていることに気付いていません。

そのあと、同じ覚醒暗示を3回ほど繰り返しましたが、やはり、目覚めたあとに「おはようございま～す……起きてくださ～い、朝ですよ～、おはようございま～す……」と連呼するので、またリカピチュレーションが起きてしまいます。

結局、「あとでしっかり解きますから、とりあえず休憩しましょう」と言って中途半端な覚醒のまま休憩に入りました。

10分ほど休憩したあと、ショーが再開されたのですが、ステージ上には3人しかおらず、観客席を見渡すと、リカピチュレーションが起きていた男性は後ろのほうの席で友人と真面目な顔をして普通に話をしていました。

このように、**催眠は放っておいても自然に解けるものですが、きちんと覚醒させるのも誘導者の大事な作業**です。

このような覚醒時のリカピチュレーションは、いくつかの条件が重なり合ったときに起こります。

まず、被験者が文字どおりに反応するリテラリーフルになっていること。そして、極度の低血圧症で、朝はいつも調子が悪いこと。こういった被験者において催眠性の被暗示性亢進が重なると、朝を連想させる言葉によってリカピチュレーションが起こることがあります。

「私は朝が苦手で、寝起きのあの辛さを改善できませんか？」と相談に来た被験者に催眠をかけ、「いまは朝ですよ……起きてください……おはようございます……」と暗示したらどうなるか、容易に想像できると思います。覚醒直後の被験者に「おはようございます」と言うのは、これと同じことをやっているんですよね。

誰もが朝は気持ち良く目覚めているわけではありません。起床したあと1時間も2時間も頭がボーッとしている極度の低血圧症の人もいるのです。

最近は、なぜか覚醒暗示のあとに「おはようございます」と言う人がたくさんいるのですが、私のスクールでは覚醒時に余計な言葉を付け加えることを禁止しています。


これは最近の話ですが、先日あるイベントにゲストとして出演の依頼があり、スタッフを2人連れて参加させていただきました。

約3時間のイベントの中で、私の前に、独学で催眠を習得したという方が、催眠を使ったパフォーマンスをやっていました。会場の中からかかりの良かった20代の青年を前に連れ出し、いくつかの催眠現象を披露しています。

しかし、覚醒の段階で催眠術師が「おはようございます」と2回ほど言うと、青年は一度は覚醒するものの、また催眠に戻るかのように脱力していきます。

とりあえずイベントを進行させるためにその催眠術師は青年を席に戻しましたが、青年はテーブルにもたれ込むようにだるそうにしています。

この催眠術師は休憩時間を利用して、大きな声で何度も青年に覚醒暗示を与えていましたが、やはり最後に「おはようございます」と叫ぶので、リカピチュレーションが起きてしまいます。覚醒時のリカピチュレーションに関しては、うちのスタッフをはじめ、スクールの生徒たちにも再三注意はしているのですが、滅多に起きない現象なので見本を見せることができなかったのです。

でも、これだけわかりやすい覚醒時のリカピチュレーションは、正直スタッフたちに対して良い勉強になったと思います。

その後も催眠術師は、青年の背中を強く叩きながら覚醒暗示を与えたり、催眠をかけ直してから催眠を解いてみたりと、いろいろやっていましたが、やはり青年はボーッとしたままです。私は見るに見かねて、うちのスタッフに代わりに完全覚醒をしてあげるように言いました。

スタッフが一度深い催眠に入れてから、リカピチュレーションが起きないように、通常の覚醒暗示を与えると、青年の目が一回り大きくなり、顔が別人のようになりました。そして、「ぜんぜん違いますよ！　めっちゃスッキリしてますよ！　ありがとうございました！」と言って、さっきまであんなに無口だったのに、完全覚醒したあとは元気よくたくさんしゃべっていました。

覚醒暗示に「おはようございます」と付け加えると、催眠から覚めないのではなく、覚めているのに、朝の情景を連想させる暗示によってリカピチュレーションが誘発されてしまうことがあるということです。

リカピチュレーションの知識がない催眠術師は、覚醒暗示を与えているのに被験者が催眠から覚めてこないように見えるので焦るんですよね。

やはり**覚醒暗示はシンプル・イズ・ベスト**です。

昔からある「私が3つ数えたら、あなたは気持ち良く目を覚まします……3、身体に力が戻ってきました……2、周りのことが良ーくわかるようになってきた……1、ハイッ！　目を覚ましてください……目を開けて！　……しっかりと目を覚ましてください……とってもいい気持ちです……」という覚醒暗示を丸暗記して、催眠をかけるときの倍の大きさの声で暗示を与えるように心掛けてください。

また、催眠を解くときには堂々と解いてください。おどおどとした態度で催眠をかけるとかかりが悪いように、おどおどとした態度で覚醒暗示を与えると暗示の力が弱くなります。

それから、通常は催眠から覚醒させたあとは、「ちゃんと覚めましたか？」と聞いて、完全に覚めたかどうか被験者から確認を取ります。

もし、被験者から「まだ解けていませんよ」とか、「まだ眠い感じがします」といったようなことを言われたら、覚醒暗示がまだ不十分なのです。さらに大きな声で同じ覚醒暗示をもう一度与えてください。

また、覚醒を行うと、被験者が催眠にかける前の状態に戻ると思っている誘導者は少なくないのですが、元に戻るわけではありません。

催眠に入る前の脳は凝っていて、催眠状態になることで弛緩します。そして催眠から目覚めたあとは脳の凝りがなくなった状態になっているのです。

だから被験者に催眠状態の感想を聞くと、「リラックスして気持ち良かった」と言います し、覚めたあとに感想を聞くと「すっきりして気持ち良い」と言います。質の良い催眠から目覚めるときは、視界が鮮明になったような、スッキリとした爽快な気分になるのが本当なのです。

まぁ、催眠は放っておいても勝手に覚めるものですから、それほど神経質になる必要もありません。覚醒暗示に「おはようございます」などと余計なことを付け加えて、完全覚醒しないようなら、「おはようございます」と言わずに再度覚醒暗示を与えればいいだけの話です。「おはようございます」と言うのがいけないのではなく、リカピチュレーションの知識のない者が、余計な暗示を付け足すことが問題なのです。

長い歴史が受け継ぐものには、進化させるために新しく開拓しなければならないものと、安全を重視するために変えてはならないものがあると思います。

そこを間違えないためには、骨組みになる基礎をしっかりと学び、正しい基本と共に正しい技法を身に付けていくことです。

○催眠術の可能性と限界

人には、意識してできることと意識してもできないことがあります。

これは催眠でも同じで、意識でできることと意識ではできないことがあります。

意識してやってしまうことを催眠では役割行動といい、催眠にかかっていないのに、周りの空気を読んで反応したり、誘導者のメンツを考え、思いやりで暗示に従ってしまったりすることでしたよね。

催眠術にかかった被験者に手のひらが額《ひたい》にくっついて取れなくなる暗示を与えたとして、被験者は手のひらを額に当てたままの状態でいます。

でも、これは意識的にもできる行動です。催眠にかかっていなくてもできます。催眠にかかっているときとかかっていないときと何が違うのかというと、ただ被験者の気持ちが違うだけです。

しかし、「あなたの右腕から痛みという感覚がなくなりました……もうつねっても叩いても針で刺しても痛みを感じません……」と暗示を与えると、被験者は右腕に痛みを感じなくなります。**催眠の醍醐味というのは、このように意識ではできないことができるようになること**だと思います。

被験者のこぶしが開かなくなろうと、椅子から立てなくなろうと、それだけでは誘導者の自己満足であり、被験者のちょっとした好奇心を満たすだけの行事で終わってしまうのです。**催眠はその人の持つ潜在能力を引き出す**ことができます。

15キロの物しか持ち上げることができない女性に催眠術をかけて「あなたは世界一の力持ちです」と暗示をすると、目の前にある20キロの重りを軽々と持ち上げたりします。

これは催眠が未知の力を吹き込んだのではありません。元々彼女は20キロの重りを持ち上げる力を持っていたのであって、**普段はセーブしている潜在能力を催眠が引き出しただけ**なのです。

ある病院では、火事の知らせを聞いた途端、何年も寝たきりだった老人が走って病院から逃げ出したという話があります。この老人も「自分はもう歩けない」と思い込んでいただけで、実際には歩く能力を持っていたのです。

これは昔のエピソードですが、ある催眠療法士が公衆の面前で車いすの老婆に催眠をかけて「歩けていた頃のあなたに戻ります」と暗示を与えました。

そのあと、老婆はゆっくりと車いすから立ち上がり、少しずつ歩き出したのです。そして、部屋の端に向かって少しずつ歩いていきます。

これに気を良くした催眠療法士は「もっと速く歩く……もっともっと歩きます……」と続け、老婆が速く歩き出したので、さらに催眠療法士は「走ることができます……どんどん走ります……」とあおっていきました。

さすがに老婆は走ることはできませんでしたが、早歩きで催眠療法士の言うままに、部屋の端から端まで何度も往復しています。周りの人たちは驚愕と歓声で大騒ぎです。

しかし、翌日、老婆の脚は膝から下が二倍に腫れ上がり、くるぶしの位置がわからないほどでした。腫れが治まるまで数日間ベッドの上で安静にすることを余儀なくされたのです。

このように、**心も身体も一度に無理をさせると壊れてしまう**ことがあります。

クライアントの中に存在する能力なら暗示で引き出すことはできます。でも存在しないものは引き出すことができません。クライアントを助けるためには、問題を解決するだけの能力を先にクライアントの中で育てる必要があります。

催眠療法は、クライアントが問題を解決するための能力を育てるものであり、能力が育ってしまったら、あとはたとえ催眠でなくても引き出せます。

クライアントが苦悩を乗り越えるための能力をどのように育てていくかが催眠療法を行ううえでの課題なのです。いわば**催眠療法は、イメージの世界に臨場感が移動した状態を利用してリハビリを行うもの**といってもいいでしょう。

ただし、イメージの世界とはいうものの、催眠状態では臨場感が移動しています。そのため、恐怖症を改善するときなどは、系統的なトレーニングを心掛けなければいけません。

たとえば高所恐怖症を治すのなら、被験者をいきなり高所へ連れていくのではなく、まずはクライアントを催眠に誘導し、ガラス張りのエレベーターやビルの避難階段をイメージさせます。そして、高所へ上がるトレーニングをします。

これを『**メンタル・リハーサル**』といいます。このとき、被験者の心の負担を考慮し、どれだけ適切なリードができるかが催眠療法士の技量になります。

そして**メンタル・リハーサルの中でトレーニングできた分だけ実際の行動に移し、現実世界での恐怖突入を繰り返して乗り越えていく**のです。

実際の現場にビルの避難階段を使うのなら、クライアントの手を引いて少しずつ上がって行き、ときには恐怖が軽減される暗示を与えながら進行していかなければならないときもあると思います。

トラウマなどに関しても同じです。

「一瞬でなった心の病気が一瞬で治らないはずがない」と机上の空論を述べる学者もいますが、ナイフで切った手が一瞬で治らないように、心も壊れるときは一瞬でも、治るまでには日数がかかります。リハビリが必要な場合も少なくありません。

このように、本当の**催眠療法は暗示で人を変えようとするものではなく、潜在意識に対してトレーニングおよびリハビリを行っていくもの**なのです。

第3章

暗示テクニックの実践

○暗示テクニックの向上は催眠技術の向上

催眠の技術をスキルアップさせるためには、暗示の勉強を避けて通ることはできないでしょう。催眠術の向上＝暗示テクニックの向上といってもいいかもしれません。

ひと言で「暗示」といっても、テレビのコマーシャルや広告などに使われる日常的なものから、悪徳霊媒師やエセ占い師が使うモラルに反した強烈なものまで、数え切れないほどの種類があります。

この章では、数ある暗示の中から人の意識を催眠状態へ導くための暗示を解説していきます。いわゆる催眠誘導のための暗示を基本から応用まで、その技術を向上させるために知っておきたいテクニックの数々を紹介していきます。

初心者の方はしっかりと基礎を固めるために、すでに催眠術がかけられるようになっている方は成功率を上げるために役立ててください。

さて、催眠の暗示は、催眠をかけ始める前の覚醒暗示と、催眠誘導を行っている最中に使う催眠暗示、そして催眠を解いたあとに発動する後催眠暗示に分けることができます。

この章では、どの工程においてもスキルアップできるように、いろいろとアドバイスをしていきたいと思います。

○催眠誘導のベースをつくる「基盤暗示」

被験者の意識を日常から引き離し、変性意識状態に導くには、日常では起こらない不思議な現象と、日常から離れた意識がたどり着くための『**基盤暗示**』が必要です。催眠をかけるためには、まず基盤になる暗示を『**催眠**』にしておく必要があるというわけです。

これはパソコンでいうところのOSに当たる部分で、『**ベイス・サジェスチョン**』といったりもします。

たとえば、被験者を直立させて、「これからあなたに催眠をかけます」と言いながら被験者の額に手をかざすと、被験者の身体がゆらゆらと揺れ始め、催眠に入っていくことがあります。

人は動かないでじっとしていることに無理があるので、必ず動いてしまいます。それでも被験者は催眠を施されている状況下にいるので、自分の身体は催眠のせいで勝手に動いていると思います。その結果、被暗示性が亢進して、その後の催眠暗示によく反応するようになります。

ここで重要なのは、誘導者が「あなたに催眠をかけます」と被験者に告知しているところです。催眠という言葉を出して被験者に催眠を意識させることにより、「自分の身体が勝手に動き出す」という不思議な現象を、催眠への入り口にできるのです。このときのベイス・サジェスチョンは**『催眠』**です。

でももしここで、誘導者は催眠とは言わず、「私は気功師です……あなたに気を送ります」と言って、被験者の額に手をかざしたとします。すると被験者の身体はやはり勝手に動いてしまうので、それを不思議だと思った被験者の意識は変性意識状態になり、そのあとは気功師のしぐさに反応して身体が動くようになります。

ここでのベイス・サジェスチョンは**『気功』**ということになります。

いまあなたの周りに家族や友人がいたら、足を揃えて直立してもらい、額に手をかざしてみてください。身体は微妙に動くでしょうが、変性意識状態になることはまずないと思います。なぜなら、変性意識状態に繋がる基盤暗示が何もないからです。ただ「身体がフラフラしている」といっただけのことで終わってしまうのです。

ところで、催眠をやられる方の中にはマジックを本業とされている方も多く、被験者の気を引くためにマジックをいくつか披露してから催眠誘導に取り掛かる人もいます。

被験者の気を引いてこちらに集中してもらうことは大切です。しかし、マジックを見せたあとで催眠を行うと、せっかく不思議な現象を起こしているのに、「これもマジックで、何かタネがあるんだろうな」と思われてしまい催眠認識が誘発されないので逆効果になることが少なくないのです。

だから、たとえあなたがマジシャンであっても、催眠をやるときは催眠だけを行うようにして、そこで起きる不思議なことはすべて催眠によるものなんだと思わせたほうが成功率は確実に上がるのです。

○「親暗示」「子暗示」「孫暗示」

催眠誘導を行うときの基本として、**『前暗示』『刺激』『追い込み暗示』**といった暗示のテクニックはすでに紹介しました。

これとよく似た誘導暗示の基本概念として、**『親暗示』『子暗示』『孫暗示』**があります。

たとえば次のようなものです。

「右腕を真っ直ぐに伸ばして……私が3つ数えたらその腕が曲がらなくなります……3・2・1！　ハイッ!!　……もうガッチガチです……」

一見**『前暗示』『刺激』『追い込み暗示』**の暗示パターンと変わりがないように見えますが、追い込み暗示の部分で文字どおり追い込みにかかるのとは違い、孫暗示では擬音語などを使って補助的な役回りをします。

これは大切な順番に並んでいて、「ガッチガチです……」という孫暗示の部分はなくてもかかる場合があります。子暗示である「3・2・1！　ハイッ!!」も、ときになくてもかかる場合があります。でも、親暗示である「私が3つ数えたらその腕が曲がらなくなります……」はないとかかりません。

つまり、催眠をかけるときは、親暗示であるこれから起こる現象を、どれだけ具体的に伝えることができるかが重要なのです。

ある動画サイトを見ていたら催眠術の動画があったのでクリックして見てみると、数名の被験者が横一列に並んで催眠術師の登場を待っていました。

そして登場してきた催眠術師は、いかにも被験者と初対面のような振る舞いをしているのですが、どことなく違和感を抱いてしまう。

そんな中、催眠術師がいきなり被験者の後ろに回って一人ひとりの肩に手を置き、「ハイッ！　……」「ハイッ！　……」「ハイッ！　……」と言うだけで、被験者全員が歩けなくなっていました。

でも、催眠術は超能力ではありません。「ハイッ！」と言うだけで、催眠術師が心で思った現象が起こるようなことはないのです。

催眠を知らない人はすごい催眠術師だなと思うかもしれませんが、少しでも催眠をかじったことのある人なら、事前に催眠をかけていることは一目瞭然です。

ときどき、若い催眠術師が動画サイトなどで被験者にこぶしを握らせ、「グーッと握って、グーッと握って、ハイッ！　ガッチガチ!!」などと言って被験者の手が開かなくなる催眠を流していたりします。しかし、大事な親暗示がすっぽり抜けているので、基礎がまったくできていない催眠術師であることがわかります。これも事前に何度か手が固まる催眠をやっているので、親暗示を言わなくてもかかるのです。

まぁ、自分の催眠をすごいと思わせるために動画をアップロードしているんでしょうから、かからない相手を被験者にすることは考えにくいですよね。


通常は、親暗示をはっきり相手に伝えてから、子暗示、孫暗示といった流れでやっていくのですが、応用として、たとえば被験者に目を閉じるように命じ、「目を開けることはできますか？」と言うと被験者の目が開かなくなることがあります。これは、この「目を開けることはできますか？」という言葉に対し、被験者がコンジェクチャーを働かせ、「もう開けることはできないでしょう？」という意味合いの間接暗示として受け取った結果なのです。確率でいえばかなり成功率の低い賭けになります。成功率を上げたいのなら、気取った暗示の与え方をするよりも、基本に基づいた『**前暗示**』『**刺激**』『**追い込み暗示**』または『**親暗示**』『**子暗示**』『**孫暗示**』といった暗示パターンで丁寧に行うことです。

催眠を成功させるためには、どれだけ親暗示を正確に伝えるかにかかっています。被験者のコンジェクチャーに頼らず、しっかりとした意図を持って、親暗示をはっきりと被験者に伝えてください。

ところで、明治や大正の頃の催眠術師には、この親暗示を先ほどとは違う用途で使っている人も少なくありませんでした。というのは、昔の催眠術師は、催眠の科学的根拠を知ってか知らずか、わざと不思議な力のように思わせる傾向があったのです。

たとえば、催眠術師は不思議な力を持っていて、身体からまるで見えない力が放出されているかのようにほのめかし、被験者の額に指を当てて、念を送るようなしぐさをします。

そして、頃合いを見計らって親暗示を入れます。

「はい!! ……ただいまをもって汝《なんじ》は催眠しました……汝は目を開けてもこの部屋にいるあいだ我の催眠術にかかったままである……しかし、この部屋から一歩でも外に出ると、我の催眠効力はすべて消えてなくなり、普段の汝に戻る……」

このように親暗示を入れてから催眠をかけ始めるのです。

そのあとは身体が後ろに倒れる暗示や、歩けなくなる暗示など、簡単な暗示から始め、徐々に深い催眠へ誘導していきます。

催眠を施しても、暗示されやすさが高まっていない人はまるで他人事のように暗示を聞き流してしまいます。

それが、先ほどのような親暗示を事前に入れてから観念運動などの暗示を与えると、一つ一つの暗示に対し、「私は本当にかかっているのだろうか？」と、**自分の身体に意識を集中させて暗示の効果を確認しようとするので反応がよくなる**のです。これこそが理想的な受動的注意集中状態であり、この集中があると、微妙な身体の変化にもよく反応するようになります。

このように、前もって入れてある、親になる暗示が子どもの暗示を迎えに来るというニュアンスで事前に入れる暗示を親暗示というのですが、ここで肝心なのは暗示の中の「……汝は目を開けてもこの部屋にいるあいだ我の催眠術にかかったままである……しかし、この部屋から一歩でも外に出ると、我の催眠効力はすべて消えてなくなり、普段の汝に戻る……」という部分です。このフレーズを入れることで被験者は安心して親暗示を飲み込みます。でもこの部分がないと、被験者の潜在意識は「ずっと催眠術師の言いなりになる」といった**不安を抱き、暗示そのものを受け入れることに抵抗を抱いてしまう**のです。

昔の人はよく考えたもので、催眠のプロセスを有効に作り出す合理的な方法を理解していたんですよね。

○「禁止暗示」の基礎を身に付ける

「目を開けることができない」「椅子から立てない」「歩くことができない」などの、「〇〇できない」という暗示を、**『禁止暗示』**といいます。

これも催眠誘導の基本となる暗示テクニックです。

被験者を椅子から立てなくさせる場合だったら、「私が3つ数えたらあなたのお尻は椅子にピッタリとくっついて立ち上がることができなくなります……3・2・1！　ハイッ！　もう立てません……立ってみて……ほら立てない!!　……」といったように、「私が3つ数えたらあなたのお尻は椅子にピッタリとくっついて立ち上がることができなくなります……」と暗示をしたあと、必ずそれに逆らうように「立ってみて」と指示をして被験者にチャレンジさせます。そして、立ち上がろうとする直前に必ず「立てない！」と念を押します。

被験者は、立とうとしても立てないことを**自分の身体で体感して、初めて暗示にかかっていることを認める**のです。チャレンジさせずに暗示を解いたら禁止暗示の意味がなくなってしまいます。

禁止暗示を与えたら、一度それに逆らうようにチャレンジをさせることは必須です。ただ、それ以上に大切なのが、最後にもう一度「立てません」と暗示を与える部分なんです。

もし、「私が3つ数えたらあなたのお尻は椅子にピッタリとくっついて立ち上がることができなくなります……3・2・1！　ハイッ！　もう立てません……立ってみて……」と言って終わりにした場合、催眠にしっかりかかっている被験者でも、最後の「立ってみて」の言葉をリテラルに受け取り、立ち上がってしまうことがあります。

当然、催眠にかかっていなければ禁止暗示にもかかりませんが、「立ってみて」とか「立ってください」という言葉で終わりにすると、**催眠にかかっている人でも立ち上がってしまうことがある**のです。

だから被験者がチャレンジする前に、必ず「立てない！」といった暗示を与えて反応を観るようにしてください。もし、そのあとで被験者が、「立ってみてもいいんですか？」とさらに聞いてきたら、「どうぞ立ってみてください」で終わりにするのではなく、「どうぞ立ってみてください……でも絶対に立つことはできません！　……」といった暗示で終わりにして反応を観るようにするのです。

この基礎知識が入っていないがために、せっかくかかっている被験者に禁止暗示を与えて失敗している催眠術師をよく見かけます。

禁止暗示といえば、先日、10年以上も催眠をやっているという人が、1人の被験者に禁止暗示をかけているところにたまたま遭遇しました。

その催眠術師は、被験者にいくつか被暗示性テストを行ったあと、握ったこぶしが開かなくなるという暗示をかけていました。

被験者にこぶしを握らせて、「親指の爪とシワ、どっちが見やすいですか？」と聞き、被験者が「シワ」と答えたら、「そのシワを見ているとどんどん集中してくる！……手がガッチガチに固まって離れなくなる……どんどん離れない！……ガッチガチです……もう絶対に離れない!! ……」と言い、少し不自然な間が空いて、「離れますか？」と催眠術師が聞くと、被験者は何のためらいもなく手を開いてしまいました。

私の見たところ、被験者は被暗示性テストの段階ではとてもリテラルに反応していたので、ここで「手が離れなくなる」ではなく、「手が開かなくなる」と言っていたら、成功していたかもしれませんね。

それから、もう一つ似たような状況で、自称3000人を催眠にかけてきたという催眠術師が、同じような禁止暗示をかけている場面にも遭遇したことがあります。この催眠術師も被験者にこぶしを握らせて、とても流暢に暗示をかけていました。

きっといつもワンパターンのかけ方で、同じセリフばかり言っているのでしょう。流暢というか、かなり早口で「親指の爪とシワどっちが見やすいですか?」と聞いて、被験者が「爪」と答えたら、「その爪を見ているとどんどん集中してくる!　……集中してくると手がどんどん固まっていきます……ガッチガチに固まる……」と言ったと思うと、不意に「昨日の夜なに食べましたか?」と言って、被験者が思い出そうとしたら、大きな声で「ガッチガチ!!」と言って被験者の手を両手で握りしめるんです。

被験者は「おお～」と言って手が開かない様子でしたが、そのあとの催眠ではきちんとかかっているなと思うものはありませんでした。

あとで私が、「その、『昨日の夜なに食べましたか?』と言って、急に『ガッチガチ』とやるのは何のためにやっているんですか?」と聞くと、誇らしげに「驚愕法《きょうがくほう》ですよ!」と言う。

でも、これは驚愕法の理論からは逸脱しています。

驚愕法というのは、瞬間催眠術の一種で、相手をびっくりさせた瞬間に暗示を入れる方法です。正確には、相手を驚愕させて思考を一時的に制止させると共に、催眠に結び付く条件をすべて揃えなければいけません。でも、この催眠術師がやっているのは、ただ相手の不意を突いているだけで、催眠導入のための条件は何も揃っていません。

あなたも想像してみてください。新しく友達になった人と並んで歩いているときに、急に「わっ!!」と驚かされたら、今度はいつ驚かしてくるのかと思い、その友達がいるときは気が抜けなくなると思うんです。

これと同じで、不意を突いてびっくりさせるようなことをしていたら、せっかくリラックスしかけている脳がまた緊張して、弛緩しなくなってしまいます。

確かにびっくりさせれば被験者の身体は一瞬固くなりますが、こんな不意を突くようなまねをしなければもっと深い催眠に誘導できていたと思います。**目の前の小さな成功を得るために、後の大きな成功を手放している**のと同じです。

こんな不意を突くような暗示のかけ方を繰り返しても深い催眠に到達する被験者だったら、少々下手な暗示を与えてもよく反応するような状態になっているのです。

暗示が入りやすくなっている被験者が相手なら、少々乱暴な暗示の与え方をしても反応してくれます。

この件について、私はいつもキャッチボールにたとえて説明をします。たとえば、初めてキャッチボールをする人には、優しく正確に投げてあげないと相手はボールを捕ることができないと思います。それでも、やっているうちにだんだん捕るのが上手になってきます。催眠でいうなら、被暗示性が亢進してきている状態ですね。

そして、キャッチボールに慣れてくると、少々下手にボールを投げても、相手が手を伸ばして捕ってくれるようになります。さらに上手になってくると、投げる側が暴投しても走って捕りに行ってくれます。

これと同じで、被験者の被暗示性が亢進していれば、誘導者が乱暴なやり方をしても被験者は暗示に反応してくれるわけです。いうなれば、**未熟な誘導者が被験者の被暗示性に助けられている**ようなものです。

つまり、十分に催眠にかかっていない被験者が、さきほどのような不意を突くやり方で深い催眠に入っていくようなことはなく、すでにかかっている被験者に施しているから何らかのテクニックのように見えるだけなのです。

こういった誘導者本位のパフォーマンスをすごいテクニックと信じて取り入れていると、スランプになって催眠術の成功率が落ちてきたときに、抜け出せなくなってしまいます。

商売上手な催眠術師の常套手段ともいえる、よくかかっている被験者だけを見せて、自分の催眠を高度に見せているパフォーマンスには気を付けないといけませんね。

○成功した暗示を踏み台にする「交換条件」

催眠誘導のセオリーでは、簡単な暗示から始めて徐々に難しい暗示へと進めていきます。深い催眠でしか起こらない難易度の高い暗示をいきなり与えるようなことは基本的にはやりません。いきなり幻覚が発生する暗示を与えても、不可能だとは言いませんが、成功する可能性は低いと思います。

我々がよく使うテクニックに、一つの暗示に成功したら、それを踏み台にして次の暗示を与えるといったものがあるのでいくつか紹介しておきます。

まずは『**接続暗示**』。本来は関係のないものを、あたかも関係があるかのようにほのめかすテクニックです。閉眼暗示（被験者のまぶたを閉じさせる暗示）を例に挙げて説明します。

「私の目を見てください……もう絶対に目をそらさないで……そのまま見ていると、だんだんまぶたが重くなってきます……どんどん重くなってくる……そしてまぶたがだんだんと下がってきます……どんどん下がってくる……そしてまぶたは閉じてしまう……まぶたが閉じてしまったら、もう開けることはできません……まぶたが開かなくなったら、今度は頭が前に倒れていきます……頭が前に倒れていく……どんどん倒れていく……頭が前に倒れてしまうと、体の力が抜けていきます……力がどんどん抜けて……体中の筋肉がどんどんほぐれていきます……体中の力が抜けて……もう自分ではどうすることもできません……」

このように**被験者が一つ暗示に従ったら、「……すると」とか、「……そして」というつなぎの言葉（接続詞）を入れることで、次の現象を起こりやすくする**のです。

たとえば、「あなたは白いソファーに座っています……呼吸がゆっくりになってきます」と言うよりは、「その白いソファーに座ると、あなたの呼吸がだんだんゆっくりになってきます」といったように、「○○すると……」などとつなぎの言葉を入れることで、「そのソファーに座ったら呼吸がゆっくりになるんだよ」と、当たり前のことのようにほのめかすことができます。

被験者が反応した暗示を踏み台にするといえば、交換条件を使った暗示の与え方もあります。

何かの催眠現象を起こし、それを解除する代わりにほかの催眠暗示を入れるのです。

たとえば、被験者の頭を後ろに倒し、「頭を起こすことができない！」と暗示します。被験者の首にカタレプシーがかかったことを確認したら、次に、「3つ数えたら頭を起こすことができますが、その代わりに今度は声が出なくなっています……」と暗示を与えて、首の硬直暗示を解除します。そして、首を起こした被験者に「首を起こすことができました……では、あなたのお名前は？」と聞きます。首の暗示を解除することと交換条件なので声は出なくなっています。

また、「私があなたの肩を叩くと、あなたは声が出なくなります」と暗示して、被験者の肩を叩きます。そして被験者がしゃべれなくなったことを確認したら、「今度あなたの肩を叩くと声を出すことができます……でも、声が出る代わりにあなたは年齢を思い出すことができなくなっています……」と暗示して被験者の肩を叩きます。

そして「あなたのお名前は？」と聞いて、声を出せることを確認したら、今度は「あなたの年齢は？」と聞いて、健忘暗示が成功しているかどうかを確認します。

○暗示は積み重ねることで本物になる

初心者の方は、一度暗示を言ってみて反応が起こらないと、すぐに諦めてしまう傾向にあります。しかし、**暗示は積み重ねることで現実のものとなる**のです。

たとえば、腕が上に上がっていく腕浮上の暗示では、「腕が上がります」とひと言だけ被験者に暗示を与えて反応を待っていても、まず腕は上がってこないと思います。でも、繰り返し暗示を重ねていくと徐々に腕は上がっていくものです。

このとき、ただ「腕が上がります」といった同じ言葉を繰り返すよりは、上から引っ張り上げられる感じを暗示したり、下から押し上げられる暗示を与えるなど、いろんな角度からイメージを与えると、被験者は、自分のイメージしやすい暗示に反応して、腕が上がり出したりします。

たとえば、「私がこれから言うことを想像してください……あなたの右腕が軽くなっています……綿のように軽くなって、下から風に吹かれると、浮き上がってしまいそうです……その軽くなった右腕に風船を結び付けました……想像してください……さあ、風船に引かれてあなたの右腕は上がっていきます……どんどん上がっていく……下から風に吹かれてどんどん上がっていきます……まるで手に羽が生えたみたいに軽くなって、フワフワと上がっていきます……」という具合に進めていきます。

同じ暗示を繰り返すことに意味があっても、ただ「腕が上がる」という言葉を連呼するだけでは被験者の潜在意識が飽きてしまう恐れがあります。

だから、同じ言葉を繰り返すのではなく、「綿のように軽くなっている」「下から風に吹かれると浮き上がってしまう」「風船に引かれて上がっていく」「まるで手に羽が生えたみたいに」「フワフワと上がっていく」など、「腕が上がる」という意味の**同じ暗示（ニュアンス）を繰り返すようにする**のです。

○「概要暗示」と「調整暗示」で苦手を克服させる

催眠は苦手を克服するものとして驚異的な力を発揮します。

実際の催眠療法ではあまり需要はないのですが、食べ物の好き嫌いを直す催眠は、イベントやテレビ番組などでよく見かけます。

そんなときに活用するのが**『概要暗示』**と**『調整暗示』**です。

たとえば、トマト嫌いを直すとしたら、まず被験者を催眠に入れて「あなたはトマトを美味しく食べることができます……」と概要暗示を与えて催眠から覚醒させます。

そのあと、「食べてみてください……」と言ってどこまでいけるかとりあえず食べてみてもらいます。

これで食べられるようなら「もっと美味しくなります……どんどん美味しくなる……」などの暗示を入れて催眠を強化させます。

もし、食べられなかった場合は、ネックになっている部分を聞き出し、調整暗示を与えていきます。

たとえば、「何がダメですか?」と聞いて、被験者が「匂いがダメなんですよ……」と言ったら、目を閉じてもらい、肩もしくは額に触れて、「匂いが気にならなくなります……さあ、目を開けて……」と暗示を与えて匂いをかいでもらいます。

被験者が「本当だ……気にならない……」と言ったら、すかさずまた目を閉じさせて、肩もしくは額に触れて、「今度はその匂いが美味しそうな匂いになっています……目を開けて……」といった具合に、**正反対の状態を目指し、ネックになっている部分を排除**していきます。

ちなみに、恐怖を乗り越える催眠のときにもこの暗示テクニックは重宝します。たとえば、被験者にバンジージャンプをさせるとします。催眠に導入したら、まず「目が覚めたあと、バンジーがやりたくてワクワクしてきます……そして私が肩を叩くとあなたは思いきってジャンプします……そこには不安などなく、ワクワクした気持ちだけがあります……そして、飛んだあとはいままでに味わったことがないくらい爽快な気分になります……」と概要暗示を与えて催眠を解き、ひと呼吸おいて被験者の肩を叩いて飛ぶように追い込んでいきます。被験者が飛ぶことを躊躇《ちゅうちょ》しているようなら「何がブレーキになっていますか？」と聞いて、ネックになっている部分を調整暗示でなくしていけばいいのです。

ちなみに、バンジーの場合は慌てて催眠をかけず、被験者が自分の置かれた状況（高い所）に慣れるまで待ってから施術したほうがいいでしょう。また、高所に上がる前に、陸地で一度催眠をかけておくと、上に着いてから導入するのが楽になると思います。

ほかにもこんな使い方があります。

催眠誘導は、簡単な暗示から始めて、徐々に難しい暗示へと進んでいくのがセオリーになっているのですが、もし、途中で反応が鈍くなったら、「何が歯止めをかけていますか?」と直接聞いて、調整暗示で歯止めを外しながら一つずつクリアして誘導を進めていくこともできるのです。

たとえば、「あなたの身体は後ろに倒れます……」と暗示を与えて、被験者が倒れそうで倒れないようだったら「何が歯止めをかけていますか?」と聞きます。「後ろに倒れるときに少し怖いんです……」と言われたら、目を閉じてもらい、額などに触れて「その怖さが半分になります……」と言って、もう一度、被験者に身体が後ろに倒れる暗示を与えます。これで怖がりながらも倒れてきたら、また目を閉じてもらい、額に触れて「今度は不安がまったくなくなります……」などといった具合に、調整暗示を何回かに分けてクリアしていきます。

このように、**誘導者に協力的である被験者なのに、無意識の抵抗があるような場合は、調整暗示がうまく働いて誘導が進んでいく**ことがよくあります。

○事前に暗示を仕込むテクニック

基本的な催眠誘導では、暗示を一つ与えたら、その反応を観ながら誘導を進めていくのですが、ときには誘導を開始する前に暗示を仕込んで成功率を上げることもあります。

オーソドックスなものでは、『**前提暗示**』がよく使われます。これは「ダブル・バインド」とも呼ばれ、被験者に二つの選択肢を与えることにより、どちらを選んでもこちらの意図する結果が得られるように仕組まれた暗示テクニックです。

たとえば、被験者に次のように尋ねます。

「いま座っている椅子で催眠にかかるのと、あちらの椅子に座り直して催眠にかかるのだとどっちがいいですか？」

この問いでは、被験者がどちらを選んでも催眠にかかることが前提になっています。

被験者は催眠にかかることを前提で椅子を選びます。自分で選んでいるので抵抗心が働きにくく、前提（催眠にかかること）も一緒に受け入れやすくなります。

また、椅子を選んでいるときに、自分が催眠にかかっているところをイメージしてしまうので、催眠にかかりやすくなるのです。**人の身体は、潜在意識がイメージしたことを現実にしょうとする働きを持っている**からです。

ただし、この場合も一度の暗示ではまだ弱いので、同じようなダブル・バインドを何度か重ねていきます。「素早く催眠状態に入るのと、ゆっくり入るのはどちらがいいですか?」などと尋ねます。素早くかかろうと、ゆっくりかかろうと、こちらからすればかかってくればいいのです。

たとえ二つの選択肢であっても、よほど強い抵抗心を持っていない限り、人は与えられた選択肢の中で良いほうを選びます。しかし、そこに催眠にかからないという選択肢はありません。これが催眠でいうダブル・バインドです。

ただし、この技法はいまやコミュニケーションの書籍などで紹介されていることが多く、心理誘導として知っている人がたくさんいます。この技法に限らず、催眠の技法は仕掛けていることを相手に気付かれたら意味がありません。

そこで、簡単で気付かれにくい方法を一つ紹介しておきます。

それは、「知っていましたか?」というフレーズを使うやり方です。そうなるかどうかという迷いを、知っていたか知らなかったかという迷いにスライドさせるのです。

「催眠にかかると手足の力が抜けてしまうのは知っていました？」

「いえ、知りませんでした……」

「では脳の力が抜けてストレスから解放されるのは聞いたことあります？」

「いえ、聞いたことないです……」


このようにもっていくと、催眠にかかったら「手足の力も脳の力も抜けてストレスから解放されるんだ」ということを、相手に抵抗なく暗示できます。

○「刷り込み暗示」で望む反応を引き出す

事前の仕掛けといえば、『**刷り込み暗示**』を利用した方法があります。

では、とりあえず友達との会話を例に挙げて説明します。


「青森の名産って何だったっけ？」

「りんご？」

「じゃあ山梨は？」
「ぶどうでしょ？」
「岡山は何だっけ？」
「桃じゃないの……？」
「よく知ってるね……（笑）」

このような会話をしたら、少しだけ間を置いて「ところで君は赤から何を連想する？」と聞いてみると、大抵の人が「いちご」か「りんご」と答えます。

こちらは赤から何を連想するのかを聞いているだけなので、郵便ポストや消防車などを連想してもおかしくないはずです。でも、多くの人が赤い果物を頭に浮かべます。

これは、「赤から何を連想する？」と聞く直前に、「果物」というキーワードを刷り込んでいるから、相手は無意識のうちに赤い果物を頭に思い浮かべてしまうのです。

この心理テクニックを**『プライミング』**といい、**こちらが引き出したい反応を、相手が気付かないうちに心の中に刷り込むことができる**のです。

では、こちらの引き出したい反応が条件反射的に起きるようにプライミングしていきたいと思います。

「あなたは催眠を体験したことがないと言いましたよね？」

「はい」（イエス）

「催眠を目の前で見たこともないんですよね？」

「はい」（イエス）

「初めてのことを体験するときは誰でも不安を抱きますよね？」

「はい」（イエス）

「催眠は少し緊張があるぐらいのほうがよくかかるので、その不安は役に立ちます。だから少しの間だけ私に気持ちを委ねてみてください」

この最後のひと言がこちらの意図する暗示です。

最後の問い掛けに対し、惰性でイエス反応を起こすように、その前のいくつかの質問では、必ず被験者が心の中でイエス反応が浮かぶ質問だけを繰り返すのです。すると、被験者の心は惰性から最後の問い掛けにも無意識にイエス反応をしてしまいます。そして誘導者に気持ちを委ねるようになるのです。
では、わかりやすく日常生活の例で説明してみましょう。彼女と海へ行った帰り道にホテルに誘うところを想定して、イエス反応が形成されるように仕掛けていきます。

「夜でも波って見えるんだね」
「そうだね」（イエス）
「夜だから波の音がよく響くよね」
「うん」（イエス）
「砂浜の砂も夜は湿りがちなんだよね」
「そうだね」（イエス）
「少し疲れたね」
「うん」（イエス）
「どこか綺麗な部屋で休んで行こうか？」
「うん……」

この会話のようにいつでもうまくいくとは限りませんが、相手が何度もイエスを繰り返す質問をしていると、最後には惰性でイエスが出てきやすくなります。**自分の中から出てきたOK（イエス）なので、よほどでない限りそれを否定することはぜず、受け入れてしまうことが少なくない**のです。

また、逆にノー反応を引き出したいときは、同じように必ず相手の心がノー反応を起こすであろう質問だけを繰り返します。そして最後にノーと反応して欲しい暗示を投げかけるのです。

これは天才催眠療法士といわれたアメリカのミルトン・エリクソン博士が行った例です。

「催眠に入ったことはありますか？」
「いいえ」（ノー）
「催眠を見たことはありますか？」
「いいえ」（ノー）
「催眠に入るとどうなるかわかりますか？」
「いいえ」（ノー）

「催眠はあなたがすべて自分でするのであって、私はそれを見ているだけなのを知っていますか？」

「いいえ（笑）」（ノー）

被験者はこの直後に、エリクソン博士のちょっとした振る舞いによって催眠に入っていきます。エリクソン博士の最後の質問にノーと反応した場合、被験者の心の中では「私はエリクソン先生の導きがないと催眠に入れません」といった文法が生成されてしまいます。そして被験者は受動的になって暗示を受け入れやすくなるのです。

○ラポール形成に重要な「イエス・バット」

ラポールを形成する際には、心掛けておかなければいけないことがいくつかあります。

ときどき、被験者と信頼関係を結ぶ作業であるラポール形成を、被験者をもてなす作業だと勘違いしている人がいます。しかし、**ラポール形成は誘導者としての信頼を作るもの**であり、被験者のご機嫌をとるものではありません。

だから被験者が不安を訴えてきたら不安を取り除くための説明をしなければならないし、最初に施す被暗示性テストなどは、しっかり練習して失敗しないように努力しないといけません。最初の催眠的な暗示に失敗すると、誘導者としての信頼が著しく低下してしまうからです。

また、誘導者自身が悩み事をいろいろ話したり、自慢話などを聞かせたりするのは厳禁です。自分の話は極力控えて、被験者の疑問に答えながら、催眠の雰囲気を作るように努力してください。

それから、誘導の前には被験者の意見とバッティングしないように心掛けなければなりません。人それぞれ価値観が違うので、被験者と会話をしていると必ず意見の食い違いが出てきます。

しかし、意見がズレるたびに被験者に指摘していたら、いざ催眠を施すときになってかかり具合が極端に悪くなります。

それでも、催眠に導くことに関して、被験者がマイナスの観念を持っていたら、やはりそこは修正しなければいけません。

そんなときに使うのが『**イエス・バット**』というテクニックです。

たとえば「催眠は頭の悪い人がかかるんですよね……?」と言われたら、「バカにはかかりませんよ」と言いたいところなんですが、ここではバッティングしないように「そうですね……」と言って、どんな馬鹿げたことを被験者が言っていたとしても一度相手の意見に合わせます。「そうですね、催眠は頭が弱い人がかかるんですよね……」と言って相手の意見に同調すると、相手は絶対に反抗してくると思った意見にこちらが同調したので、エネルギーを弱めます。そのあとで、こちらの意見を相手に伝えます。

「でも、5歳とか6歳の子どもは大人が使う言葉が理解できないときがあるので、逆にかからないんですよね……」と言うと、「多少の知能がないとかからないというわけですか?」となったりする。

そこで、「そうですね、催眠にかかるには集中力も必要なので、ある程度の知能と理解力がないとかかりませんね……」と言うと、「そうなんですか……」とこちらの話を受け入れ始めます。そして最後に、「催眠と頭の良さには因果関係がないんですよね、高学歴の人でもよくかかるし、勉学ができない人はこちらが手こずることがよくあります……」と相手に受け入れて欲しい話に持っていきます。

よく、イエス・バット法は複雑で、バットの部分は相手側に言わせるように話をもっていったり、バットのあとにダブル・バインドを使ったりすると、効果的だといわれています。

たとえば、「催眠にかかるの怖いですよね……」と被験者に言われたら、「確かに初めて経験することは怖いですよね……ところで催眠のどの辺が怖いですか?」と聞きます。

もし、「催眠にかかっている間は記憶がなかったりするじゃないですか?」などと言われたら、「そうですね、深い催眠に入ると、誘導中のどうでもいいことは覚えていなかったりしますが、催眠の深さは調整ができるので、最初は意識がはっきりしている浅い催眠から始めるんですよね……もちろん、最初から深い催眠に誘導する場合もあるんですが、もし催眠にかかるとしたらどっちがいいですか?」などと、イエス・バッドのイエスのあとに、ダブル・バインドを使います。

こうして、最初は浅い催眠にかかるか、それとも最初から深い催眠にかかるか、といったどちらを選択しても催眠にかかることが前提の選択肢を与えます。それにより、催眠にかかっている自分のイメージを刷り込むことができるのです。

ただ、多くの場合催眠は相手が興味を持っている状態から開始するので、イエス・バット法を複雑化して使うほどのこともなく、この項の最初の例のようにシンプルに使えば十分です。

セールストークのように、買う気がないお客さんに商品を買わせることを目的としているわけではないですから、被験者の間違った知識を修正するために、「それは違います」とか「その考えは間違っている」などとバッティングをしないように気を付けるぐらいで大丈夫です。

とにかく、ラポール形成の際は、会話の初めに「そうですね」「私もそう思います」「そのとおりです」などと、一度同調してから正しい知識を教育するように心掛けてください。

○繋がっているものを切り離す「分離暗示」

ミルトン・エリクソン博士のこんな治療例があります。

両親がいくら言っても爪噛みをやめない6歳の男の子がいました。

エリクソン博士は男の子に向かって「君はまだ6歳だから好きなだけ爪を噛んでいいことをご両親は知らないようだ……〝小さな6歳の坊や〟にとってそれは大事なことなんだからね……もちろん〝大きな7歳の少年〟ともなると、そういうことはしないだろうけど……」

と言います。

その後、この少年が7歳の誕生日を迎えたときにはすでに爪噛みをやめていたというのですが、年齢というのは、5歳、6歳、7歳、8歳、と通常は時系列で繋がっているものです。これをエリクソン博士は「6歳の小さな坊や」と「7歳の大きい少年」に分離しました。

このように、通常は繋がっているものを切り離す暗示を『**分離暗示**』（スプリッティング）といいます。

このテクニックは、年齢退行を必要としているクライアントに有効です。

たとえば、催眠を開始する前の会話の中で、「小学生のときはどんな子どもだったんですか？」とか、「弟さんが赤ちゃんのときはたくさん面倒を見たんですね？」といった**過去の話**と、「現在の環境は？」とか「いま一番困っていることは何ですか？」といった**現在の話**をします。

被験者が過去の話をしているとき、誘導者は椅子の背もたれから背中を離して、前屈みになって会話をします。そして被験者が現在の話をしているときは、背もたれに背中をつけて後ろにもたれた感じで会話をします。

これにより**被験者の現在と過去が分離すると共に、「誘導者の声が近くにある＝被験者の**

意識は過去にある」と、「誘導者の声が遠くにある＝被験者の意識が現在にある」という条件付けが形成されるのです。

そのあとで被験者を催眠に誘導し、年齢退行を施すとき、誘導者は椅子の背もたれから背中を離し、前屈みになって行います。そうすることで**年齢退行の成功率が極めて高くなる**のです。

○状況が暗示に与える絶大な威力

被験者に与える暗示の効果というのは、誘導者の言葉に限らず、その場の状況も大きく影響するものです。

私の生徒の中のあるグループは、施術の際の度胸をつける意味で、休日には野外での練習を頻繁に行っていました。

公衆の面前で被験者を募り、希望者がいたら場所を選ばず積極的に施術を行います。

ある日、桜の観光地で花見をしている人たちに声を掛けていくと、興味を持ってくれた若いカップルがいたらしく、特に興味津々だった彼女のほうに催眠を施したそうです。

とりあえず観念運動で導入してみると、思いのほか感度が良くて、順調に誘導を進めていったそうです。

それが途中で、逆光が強くなり始め、目の動きや顔の表情が見辛くなってきたということで、被験者に反対側を向いてもらい、施術を再開したところ、まったく誘導に反応しなくなったというのです。

この生徒は一瞬どうしてなのか理解できなかったみたいですが、しばらくして環境が変化したことが原因であることに気付きます。

誘導を開始したとき、彼女の視界には生徒（誘導者）とその背景しか見えていませんでした。しかし、施術の最中、彼女の後ろでは、いったい何をしているのかと気になった観光客たちが集まっていたのです。逆光により後ろを振り向くことになった彼女の視界には、自分を見ている大勢の見物客が入ってくることになります。

つまり、大勢の人たちに見られているといった突然の緊張が、催眠に集中していた彼女の意識を瞬時に羞恥心のほうに移動させてしまって、暗示に反応しなくなったというわけです。

このように、**誘導の途中でも環境が大きく変化すると誘導が進まなくなる**ことは珍しくありません。

また、状況が暗示に拍車をかけることもあります。その代表的なものがテレビでの催眠術です。

あるテレビ番組で、閉所恐怖症を催眠療法で治す、といった企画をやっていました。閉所恐怖症のタレントに「あなたはもう暗くて狭い場所へ行っても怖くありません」と暗示を与えると、怖がるタレントを真っ暗な狭い部屋へ閉じ込めたのです。

通常は被験者の心の負担を考え、こんなやり方は絶対にしないのですが、被験者はおどおどした表情にもかかわらず、「思ったより怖くないです……やっぱり催眠術ってすごいですね……」と言って部屋から出てきました。誰が見ても催眠が効果を表したように見えたと思います。

テレビ的にはこれで良いのかもしれませんが、催眠療法を勉強中の初心者がこれを見ていた場合、「閉所恐怖症は直接的な暗示で治るんだ」と思い、自分のところに相談に来たクライアントにも同じ対応をしてしまいます。

しかし、テレビの催眠とは違ってまったく効果がなかったりします。

これは、状況の違いであって、クライアントがお金を出してカウンセリングを受ける催眠療法と、テレビ番組の企画とでは環境に天と地の差があるのです。

テレビ番組を制作するために綿密な打ち合わせを行い、関係者たちは何日も前から準備を行います。そして本番ではカメラが回り、カメラの向こうでは全国の視聴者が自分の反応を期待して見ている状況です。

自分がどんな反応をすれば関係者が喜び、どんな反応をしたら関係者ががっかりするのか、**暗黙の圧力を受けている被験者の心は無意識に無理をする**ようになります。

このような催眠的パフォーマンスが収録の終わりと共に効力をなくし、元の閉所恐怖症に戻っていくことはいうまでもないことですが、状況暗示の威力を考慮していないセラピストたちは、暗示の部分だけを見て同じような施術をしようとします。

しかし、個人のカウンセリングルームでは、このようなクライアントの潜在意識に無理をさせるほどの条件は皆無に等しく、逆にクライアントは料金を払った分の見返りを厳しく求めます。

これがテレビの催眠と、カウンセリングルームで行われる催眠の結果が違う原因です。

催眠の初心者は、とにかく暗示の言い回しやテクニックにばかり気を取られがちですが、実際にはその場の状況のほうが遥かに催眠の成否に影響を与えるのです。

これは、催眠の某講習会に参加した、ある女性からのお話です。

講習会には約20名の男女が参加していて、その中に2年ほど催眠をやっているという男性がいたそうです。

彼女のほうは催眠にかかり慣れていて、この講習会の折にもかなりよく催眠に入っていたそうです。

そこで彼女のかかり具合に良からぬことを考えたのか、キャリア2年の男性は、「自分の仕事を手伝って欲しい」と彼女にアルバイトの打診をします。

後日、打ち合わせを口実に個室に呼び出された彼女は、男性から「催眠の練習がしたいから少しだけかけさせてもらえないか？」と頼まれたそうです。

しかし、個室で2人だけといった状況の中で、どんな催眠をかけられるかわからないといった不安が無意識に働いたのか、彼女は「催眠にはかかっていたみたいですが深くはかかっていなかったみたいです」と他人事のように言っていました。

それでも彼女が催眠にかかっていると思い込んでいるこの男性は、なんと「私のことが好きになり目が覚めたらすぐ私に抱きつきます」と言ったそうです。当然ですが、この暗示はまったく起動しなかったそうです。

催眠は、見守る人が誰もいない2人きりの場所と、立会人がいるときでは成功率がまったく違うのです。

催眠の成功率を上げたいのなら、**被験者の立場が不利にならないように、施術の場にはできるだけ第三者にいてもらうようにしたほうがいい**でしょう。

○暗示に対する理由付けは必要か？

私が催眠誘導を行うとき、ストーリーを使って被験者の催眠を深めていくことがよくあります。

あるとき、「あなたはバスで旅行に出かけています……」といったストーリーから「3つ数えたらあなたは火星を歩いています……」と言って、いきなりストーリーを変えたり、「あなたはいま家族と食事をしています」といったストーリーから「次に3つ数えたらあなたは異性とデートをしています……」などと言って、次々にストーリーを変えて誘導をやったことがあります。

これを見ていた生徒から「バスに乗っているところから急に火星を歩いているなんて被験

者は困惑しないんですか?」とか、「家族と食事をしているところから異性とデートをするまでの理由はいらないのですか?」と質問されたことがあります。

催眠誘導の最中にストーリーに対する理由付けは必要ありませんし、ストーリーを変更する際、それを繋げるためのストーリーも必要ありません。

みなさんが睡眠中に夢を見ているとき、バスで旅行をしている場面から火星を歩いている場面に変わってもどっぷり夢の中にいるはずです。これと同じで、場面を変更する際に理由などは必要ないのです。

ちなみに、催眠中にかけた暗示が催眠を解いたあとに発動する後催眠暗示も同じで基本的に理由は必要ありません。「目が覚めたあと私が咳払いをするとあなたは椅子から立ち上がります」と後催眠暗示を与えれば、被験者は覚醒後に誘導者の咳払いで椅子から立ち上がります。

また、「あなたは目が覚めたあと自分の後ろ側にある窓を開けます」と後催眠暗示を与えれば、被験者は覚醒後、自分の後ろにある窓を開けますし、「どうして窓を開けたのですか?」と聞くと、「ただなんとなく」と答えるかもしれません。もし、理由が必要だと思った場合は「部屋が暑かったから」などと被験者が自ら理由を作ります。

一応言っておくと、誘導の最中も後催眠暗示を与える場合も、理由は付けても付けなくてもどちらでも大丈夫です。

ただし、理由付けをした場合、その内容によって被験者の反応が違ってくることは明白です。「面白くて笑います」と言ったときと「笑い薬を飲んだから笑いが止まらない」と言った場合ではその反応は違ってくるし、催眠状態の被験者に「あなたは怖くなる」と暗示したときと、「あなたは大きな熊に襲われている」と暗示したときでは違った恐怖感になります。

したがって、**被験者にメリハリのある反応をしてもらいたいのなら、センスのある理由付けは効果がある**というわけです。

ときには感情への暗示を付け加えたり、状況の暗示を付け加えて理由付けをし、行動を強化させたりすることも珍しくありません。

たとえば被験者に、バナナを携帯電話のように耳に当てて「もしもし」と言わせたい場合は、「あなたが催眠から覚めたあと、この携帯電話の音を聞いたら、目の前のバナナを耳に当てて、『もしもし』と言います……」と言って携帯電話の音を聞かせます。そのあと催眠を解き、催眠中に聞かせた携帯電話の音を鳴らすと、被験者はバナナを耳に当てて「もしもし」と言います。

このとき、被験者の反応にメリハリをつけたいのなら、「あなたが催眠から覚めたあと、この携帯電話の音が聞こえます……」と言って、携帯電話の音を鳴らし、「この音が聞こえたら、あなたは目の前にあるバナナを自分の携帯電話だと思い、すぐに耳に当てて『もしもし』と言います……ただし、その電話は大事な顧客からの電話なので、もし取り逃したら上司の逆鱗に触れてしまいあなたは会社を首になるかもしれません……ですから携帯電話の音が鳴ったら急いで目の前のバナナを手に取り、耳に当てたらすぐに『もしもし』と言って対応しましょう……」といった具合に、○○な状況だから、○○するべきだと暗示を与えます。

さらに、メリハリのある反応をさせるとしたら、たとえば「催眠から目を覚ますと、なぜかあなたはとても腹が立っているんです……実は会社で起きたトラブルをあなたのせいにした同僚がいるんです……いまあなたはその同僚からの謝罪の電話を待っています……しかし、待てど暮らせどかかってきません……そしてあなたが目を覚ましたあと、この携帯電話の音が聞こえたら、あなたはどこにいても何をしていても、すぐにテーブルの上に置いてあるバナナを手に持って『バカヤロー!!』と大きな声で怒鳴ります……そのバナナはあなたの携帯電話であり、かかってきた電話はトラブルをあなたのせいにした同僚からの電話なんです……」といった暗示を与えて催眠を解き、電話の音を聞かせます。

このように、「あなたは○○します」と行動だけを暗示する場合もあれば、「あなたは○○な状況だから、○○するべきだ」と暗示する場合もあります。そして「あなたは○○な状況だから、○○な気持ちになっているので、○○するべきだ」といったように、催眠暗示の影響を受けるものはすべて理由付けの材料に利用できるので、**優秀な催眠術師は、被験者がその気になれる素材をそのときの用途に合わせて使い分けている**のです。

被験者にダンスをさせたいのなら、「あなたはこの音楽が聞こえたらダンスをします」でも構いません。でもメリハリのある反応をさせたいのなら、「あなたが催眠から覚めるとこの音楽が聞こえてきます」と言って音楽を聞かせてから、「あなたが催眠から覚めたあとでこの音楽が聞こえてきたら、どこにいても何をしていてもすぐに世界一のダンサーになって華麗にダンスをします……でも、音楽が止まったらあなたは普段のあなたに戻ります……」という具合に、人格変化の暗示なども使えるわけです。

また、「目が覚めたあと、あなたは犬になっています……」と暗示をして催眠を解いても、きっと被験者は誘導者が期待したほどの反応はしてくれないと思います。

なぜなら、気持ちに対する暗示は入れていますが行動に対する暗示は入れていないからです。

こういった場合は、「目が覚めたあと、あなたは可愛い子犬になって私の足元でじゃれついて、私が話しかけるとあなたはワンワンと可愛く返事をします……あなたは人間の言葉が理解できる犬です……でも、犬の鳴き声でしか返事をすることができません……」といった具合に暗示を与えるのです。

それから、もう一つ意識しておいて欲しいことがあります。後催眠暗示には細かいところまで暗示をしてあげる配慮が必要です。

たとえば、「目が覚めたあと、あなたは私にコーヒーを買ってきます」と暗示した場合、被験者はどこのどんなコーヒーを買ってきたら良いのかわかりません。すると思考が働いてしまうので、暗示が弱くなったり力を失って反応しなかったりするのです。

だから、暗示はできるだけ細かく与えてあげてください。「目が覚めたあと、私が咳払いをすると、あなたはこの建物の入り口にある自動販売機のところへ行って、上の段の右から2番目のブラックコーヒーを買ってきます……」というように、**被験者が後催眠暗示に従っ**

て行動している間は、最初から最後まで頭を使わなくて済むように暗示を与えてあげるのが、催眠を成功させるコツなのです。

○「自己発動刺激」と「他者発動刺激」

後催眠暗示についてもう少し述べておきます。

よく後催眠暗示を入れたあと、完全に催眠を覚ましてしまうと与えた後催眠暗示もなくなってしまうのではないかといった思いから、わざと中途半端な覚醒暗示を与える人がいます。

しかしこれは大きな間違いです。たとえば、「あなたが催眠から目を覚ますと、なぜだか私と同じポーズをとってしまいます……」と暗示したとします。このあと弱々しい覚醒暗示で中途半端に覚醒させてしまうと、誘導者が足を組んだり、腕を組んだりしても、被験者が同じポーズをとる可能性は低いのです。

なぜなら、「あなたが催眠から目を覚ますと○○します」と暗示を入れてあるので、中途半端な覚醒暗示だと被験者は催眠から覚めていないため、**与えられた暗示が発動するための条件が満たされていない**からです。これがリテラルに反応するということです。

「あなたが催眠から目を覚ますと○○します」と暗示を入れたのなら、きちんと催眠から覚醒させなければいけません。

それから、数時間後もしくは数日後に発動する、長時間の後催眠暗示についても少し述べておきたいと思います。

ある程度の時間をおいて発動する後催眠暗示については、目の前に誘導者やその関係者がいるかいないか、そして与えられた暗示の内容が自分にとって影響があるものかどうかで成功率が違ってきます。

たとえば、「あなたが家に帰ったら、いつも座っているリビングのソファーに腰かけます……すると腰から下が固まって立ち上がることができなくなります……でも、あなたの奥さんが何しているの?と言った瞬間に催眠が解けて立ち上がることができるようになります……」と暗示を入れたとします。この暗示に反応する可能性はとても低いです。

なぜなら、暗示を見守ってくれる誘導者がいないうえに、暗示の解除が**『他者発動刺激』**になっているからです。それも被験者に暗示が与えられたことを知らない奥さんが解除の役目を担うことになっているので、こんな無責任な催眠は最初から受け付けないのです。

誘導者がいないところで発動させるのなら、『**自己発動刺激**』で暗示が発動し、『**自己発動刺激**』で解除されるように暗示を与えるのが基本です。少なくとも暗示の解除だけは自己発動刺激で解除されるように仕込んでおかなくてはいけません。

たとえば、「なぜ立てないんだ?と思った瞬間に暗示が解けて普段のあなたに戻りますが、一瞬立てなかったことは次に私と会うまでは覚えています……」といった具合です。

そもそも被暗示性の亢進は時間と共に元に戻っていくので、「肩が熱くなる」などの暗示を何日も持続させるには無理があります。でも、日時を指定して発動する内容なら、反応する可能性があります。

たとえば、「今日から3日後の土曜日に、あなたは私とこの場所で会うことになっていますが、あなたは私と会った瞬間、私の手を握り『ごきげんよう』と言います……」などと暗示をした場合、被験者が反応する可能性は高くなります。挨拶をするぐらいなら本人にとってなんの影響もないからです。

しかし、「このあと、あなたは電車に乗ります……そして電車に乗ったら5分後に歌いながら踊ります……」などといった暗示を入れた場合は、本人が何らかの責任を取らなくてはならない可能性が出てくるので、まず暗示に反応することはありません。

ただ、これがテレビ番組の企画などで行われた場合、少々無茶な暗示にも反応してしまうのです。テレビの企画であることは暗示を与えられている時点で十分理解しています。テレビの企画なら最終的に自分以外の者が責任を取ることをわかっているので、与えられた暗示の内容は忘れていても、催眠にかかっているときの**潜在意識はそこまで深く鋭く計算して反応する**のです。

○プレッシャーは誰が背負うのか？

催眠暗示というのは、それが同じ言葉であっても、被験者の状態によってプラスに働くときとマイナスに働くときがあります。その一例として挙げられるのが、暗示の後に付ける「必ずそうなります」という言葉です。

いつだったか、「あなたは椅子から立てなくなります……必ずそうなります」とか「3つ数えます……すると目を覚ましますが笑いが止まらなくなります……必ずそうなります」などと言って、どんな暗示を与えるときでも、最後に「必ずそうなります」という言葉を付ける催眠術師がいました。

その催眠術師に言わせると、「暗示の最後に『必ずそうなります』と言うのは、与えた暗示を強化させているんだ」ということです。

でも、これは強化暗示になっていません。暗示を強化させたいのなら、与えた暗示を最初からもう一度繰り返すことです。**潜在意識を相手にしたとき、この繰り返しが何よりの強化暗示**になります。

この「必ずそうなります」は、誘導者が思いのほかプレッシャーを感じたときに、心の叫びのごとく、つい言ってしまうフレーズです。

通常なら言っても言わなくてもさほど関係なく、当たり障りのない言葉なのですが、催眠状態がまだ安定していないときの、そうなって欲しいという誘導者の願いのこもった「必ずそうなります」は被験者にプレッシャーを与えてしまいます。するとそのプレッシャーが被験者に伝わり、役割行動が起きてしまうのです。

つまり、**誘導者が背負うはずのプレッシャーを被験者に背負わせてしまうと、芳しくない反応になってしまう**ということです。

では、この「必ずそうなります」という言葉は使わないほうがいいのでしょうか。実はそうとばかりも言えないんです。

たとえば、セックスを楽しむ間柄の男女が催眠を活用した性行為を行うときなどに、男性がパートナーにエロチックな暗示を与えるとします。「あなたはいま発情期に入っていますから、いつもとは格段に違って自分では抑えきれないぐらいに欲情して性行為をすればするほど、どんどん興奮していきます……」

このとき、パートナーの催眠深度がまだ『**自然健忘**』（催眠中のことを覚えていない状態）が起きるほどの段階までいってなかったとします。するとパートナーは「本当だ……いつもより気持ち良い……」という具合に、暗示された内容は覚えていて、自らもその暗示を確かめている程度の反応になってしまうのです。

このとき、自然健忘が起きるほどの催眠状態ではないですが、記憶支配の段階まで入っているのなら、与えた後催眠暗示を忘れるという暗示を与えることができます。

暗示の内容を忘れさせることによって、パートナーは欲情した気持ちが自らの衝動だと思い、それがきっかけとなって本当に欲情が増幅していくことがよくあるのです。

ただし、被験者によっては、「与えられた暗示は忘れています……」といった暗示にリテラルに反応して、誘導者が与えた暗示そのものを忘れてしまうことがごくまれに起こります。

こういうときにこそ「必ずそうなります」とか、「私が暗示したとおりになります」という言葉が役に立つわけです。

たとえば、「あなたはいま発情期に入っていますから、いつもとは格段に違って自分では抑えられないぐらいに欲情して性行為をすればするほど、どんどん興奮していきます……あなたが目覚めたあと、この暗示を与えられたことは忘れていますが、必ず私が暗示したとおりになります……」と言って催眠から目覚めさせるのです。

すると与えられた暗示の内容は覚えていませんが、暗示には反応するようになります。

誘導者の言葉の癖やアクの強い個性は、被験者の集中を害するものになることが少なくありません。だから、それが必要のないものなら、できるだけ言葉の癖は作らないほうがいいのです。

○「虎の尾を踏む」

ここまで読み進めてきて、催眠の暗示は高度になればなるほどひと言ひと言が重要になってくることを理解されたと思います。

ある若い男性の催眠術師は、集団催眠を施したあと、かかりの良かった3名を前に出し、いろいろなパフォーマンスをやっていました。

当然、前に出されるぐらいですから、催眠によくかかっている3名です。その中の女性の被験者に催眠を施したとき、その女性が「何でこんなふうになるんですか？」と聞きました。

それに対し、催眠術師は「呪いです」と言う。すると、その場の雰囲気が一気に変わり、すぐに催眠術師は「冗談です（笑）」と言いましたが、ときすでに遅しで、一瞬恐怖を覚えた被験者たちの脳は緊張してしまって、その後の催眠にはまったく反応しなくなりました。

これを『**虎の尾を踏む**』といいます。

私はこれほど見事に虎の尾を踏むのも珍しいなと思って見ていましたが、このように、見ていて「それを言わなければもっと深く誘導できたのに……」とか、「それをやるから深くならないんだよ……」と心の中でつぶやいてしまうことはよくあります。

催眠の初心者は、言わなければいけないこと、やらなければいけないことに必死になりますが、初心者マークが外れたら、言ってはいけないこと、やってはいけないことに気を遣うことが大事です。

必要なことは言わなければいけませんが、余計なことは言えば言うほど成功率は落ちていきます。

○「既完《きかん》暗示」を使った強制的催眠導入

通常、催眠術をかけるときは、「私が○○すると、あなたは○○になります」といったように、前暗示のあとに刺激を与えるのがセオリーになっているのですが、ときに刺激を先に与えて、「すでに暗示は完了しているんだ」といった暗示の与え方をすることもあります。

たとえば、被験者の額を指で3回ほど叩いて「はい、あなたはもう声が出なくなりました」といったものです。これを**『既完暗示』**といいます。

この既完暗示を**『プラシーボ法（偽薬）』**とコラボさせて使った場合は、とても強力で強制的な暗示を与えることができます。

たとえば、毒にも薬にもならない錠剤を用意して、被験者に飲ませる前に「これは全身の筋肉が弛緩して催眠状態になる薬です」と言うのではなく、飲ませたあとで「いま飲んだ薬は全身の筋肉から力が抜けて催眠状態になる薬なんです」といった、いささか卑怯な暗示の与え方として使うこともできるのです。

ただし、この方法では相手の承諾を得ずに催眠暗示を入れるので、嫌がっている相手に対してはトラブルのもとになることもあるでしょう。

また、プラシーボでかけた暗示は、プラシーボで解かなくてはいけません。

つまり、被験者は薬で身体に変化が起きたと思っているので、「私が3つ数えたら催眠が解けます……3・2・1！　ハイッ覚めました！」というような言葉の暗示だけで解除するには力不足の場合が多く、完全覚醒しないことが少なくないのです。

だから**プラシーボで催眠に導入する場合は、必ず催眠に入る偽薬と催眠が解ける偽薬の両方を用意し、その二つを被験者に見せたうえで施術を開始することが絶対条件**なのです。

プラシーボ法だけでも危険なほど強力なのに、それを既完暗示で用いる場合は相手の心はまったく準備ができていないまま強引に施術されてしまうといった状況です。通常の催眠とは別物だと思って心して行ってください。

念のために言っておきますが、催眠は誘導者が運転する車に被験者を乗せて目的地に運ぶようなものです。そこでもし違反をしたり事故を起こしたりしたらすべて運転手の責任です。

催眠も同じで、トラブルが起きたときはすべて誘導者が責任を負わなくてはならないことを肝に銘じておいてください。

第4章

自己催眠術

○自己催眠と他者催眠の違いは？

他人にかける催眠術を一とおり学んだら、ここからは自分にかける催眠術です。

自己催眠を習得するうえで最も大切なことは、自己催眠状態と他人にかけられた催眠状態の違いをきちんと把握しておくことです。

自己催眠状態と他者催眠状態では、根本的に違っている部分が一つだけあります。

それは、何かを考えている状態か、何も考えていない状態かの違いです。

催眠には『**一点集中の法則**』という、催眠を構築するうえで欠かせない要素があります。

この一点集中が、他者催眠の場合は、催眠をかけてくれている人の「意図」に向けられています。「椅子から立てない」「腕から痛みがなくなる」「名前を思い出せない」など、暗示された事柄に対し忠実に従おうとして、その内容に注意を向けているのです。

このとき催眠を受けている人は、できるだけ何も考えない状態で暗示を待っています。

一方、自己催眠状態の場合は、自分の暗示に意識を集中させていますから、自分の考えに注意が向いています。つまり、一つのことを考えている状態なのです。

したがって、自己催眠で何も考えていない状態を作り出そうとするのは理に適っておらず、習得を困難にしているわけです。

ストレス社会から離れ、山にこもり、禅の修業や瞑想の訓練を何年もやってきた人ならともかく、普通の人が意識的に思考を制止させるなど、簡単にできることではありません。

自己催眠状態は、何も考えていない無念無想の状態ではなく、一つの考えに集中している状態だということをよく覚えておいてください。

ちなみに、他者催眠では「あなたは目を開けることができない」「まっすぐに伸ばした腕を曲げることができない」など、相手の行動を制御する禁止暗示がありますが、純粋な自己催眠ではこの禁止暗示は成立しません。

これはどういうことかというと、催眠術師が禁止暗示をかけた場合、たとえば、「あなたはその椅子から立ち上がることができない」と暗示を与えられたあと、被験者は立てるかどうかを自分で確かめることによって催眠にかかっていることを確認するわけです。

これに対し、自己催眠状態は一つのことだけを考えている状態なので、自分に「椅子から立ち上がることができない」と暗示をしたとしても、立ち上がろうとした瞬間に「立ち上がる」という暗示に変わるので立てるのが通常なのです。

しかし、**他者催眠と自己催眠は、きっちり分けてしまうことが難しく、純粋な自己催眠状態から他者催眠の影響を受けて出来上がった催眠状態までグラデーションのごとく複雑に入り交じっている**のです。

○他者催眠の力を利用する

私のところには、自己催眠の習得を希望するクライアントがたくさん来られます。

誰に対しても、同じ方法で同じように習得させてあげられたらいいのですが、簡単に習得してしまう人もいれば、練習を重ねてやっと習得していく人もいるのです。

簡単に習得してしまう人は、私が一度、催眠状態に導くだけで催眠に入るコツをつかんでしまいます。

たとえば、クライアントに壁の模様など何か一点を見つめてもらい、まぶたが閉じる暗示から始めて、まぶたが閉じたら目が開かなくなる禁止暗示を与える。そして目が開かなくなったら、全身の力が抜ける暗示を与えて催眠状態に導いたとします。

すると、無意識の学習能力が高い人は、家に帰って私の声を思い出すだけで催眠状態に入れるようになります。

その場合、私が誘導したとおりに、何か一つの物を見つめながら、まぶたが閉じていく暗示を思い出し、まぶたが閉じたら開かなくなったときの感覚を思い出す。そして、まぶたが開かなくなったら、全身の力が抜けて催眠状態に入っていく、といった具合に、私のカウンセリングルームでの一連の作業を思い出しながら催眠状態に入っていきます。

これは、家に帰って一人で行った自己催眠とはいっても、ある意味、私が誘導しているのと同じで、**他者催眠寄りの自己催眠**といえます。

この方法でも感覚を覚えてしまえば習得完了なので、こういった無意識の学習能力が高い人は得なのです。

無意識の学習能力は、頭が良いとか勉強ができるといったこととはいっさい関係なく、文字どおり「無意識の」学習能力であり、自分ではどうにもなりません。

無意識の学習能力がそれほど優れていない人は、通常どおり日々の練習によって習得していくことになります。

ごくまれにですが、自己催眠の参考書に、「まぶたに開かなくなる暗示を与えて開かなくなったら自己催眠に入っている」と書かれているのを読んで、本当にまぶたが開かなくなる暗示に成功する人がいます。これは書籍の文章を頭の中で唱えているので、ある意味これも著者からの他者催眠です。

それから、他者催眠での後催眠暗示を利用して、インスタントで自己催眠の習得を試みる方法もあります。

たとえば、誘導者が被験者を深い催眠まで導いたら、「あなたは自分の名前を反対に言うと、いつでもこの催眠状態に戻ります」と暗示をかけます。

すると被験者は自分の名前を反対に言うだけで、電車の中でも車の中でもすぐに催眠状態になれます。

しかし、多くの人にはこういった**後催眠暗示を利用した方法は一時的な効果しかなく、時間が経つにつれて徐々に効力がなくなっていく**ものです。

後催眠暗示を与えられた直後は、自分の名前を逆に言うだけで催眠状態に入れるのですが、ほとんどの場合、そのうちいくら名前を逆に言っても何の変化も起こらなくなります。

○心の矛盾をなくす

自己催眠は、一方的に潜在意識に言うことを聞かせるようなものではなく、意識と潜在意識が同じ方向を向いている状態を作るものです。

極端な話、意識と無意識が正反対の方向を向いている状態は、自己催眠状態とは遠く離れているといえます。

たとえば、あなたが会社員で、いつも嫌な仕事を自分にばかり回してくる上司がいたとします。あなたは心の中で「私にばかり嫌な仕事を持ってこないで、部下を公平に扱ってくださいよ」と思っている。でも、揉め事が嫌なあなたは「はい、わかりました」とニコニコしながら請け負ってしまう。

潜在意識で思っていることと、実際にやっていることが伴っていませんよね。

このとき、自己催眠状態とは正反対の状態にいると思ってください。

他にも、あなたが若い男性で、収入も少なく、お金もないのに、友達とご飯を食べに行くと、いつも支払いはあなた……。

心の中では「割り勘にして欲しいな」と思っているのに、ケチだと思われるのが嫌で、気が付くとあなたがレジに並んでいる。気前良く払うのはいいけれど、家に帰っていつも後悔する。こういった人よくいますよね。

でも、自己催眠の練習が進み、心が安定してくると、こういった日常生活でのジレンマは激減してきます。

自己催眠とは、意識と潜在意識の間で意思の疎通《そつう》ができ、お互いが歩み寄れる柔軟性のある状態なのです。

悩み事ができたとき、「私は強い心を持っているから悩まない」などと暗示をするのは自己催眠ではないということです。悩み事ができたら、悩むことで潜在意識は解決策を模索します。悩み事ができたら悩むのが当たり前なんです。

自己催眠の練習によって、意識と潜在意識が寄り添い始めると、悩むことに関しての葛藤が起こらなくなります。

つまり「悩んではいけない」と思う観念から、「悩んでいてもいいんだ」という観念に変わっていきます。これが、心が安定している状態なのです。

○自己催眠最大の魅力「ノンバイアス状態」

世の中のすべての物事には、必ずそれに相反する物事が存在します。

右が存在するなら、必ず左が存在します。右が存在しなければ左も存在しません。上という概念が生じると同時に下という概念が生まれます。

この原理はそのまま人の心にも当てはまります。これを心理学では『心の二面性』といいます。あなたが安心という概念を認識した時点で、不安という概念も生まれます。好きという感情の概念が生まれたら、その瞬間に嫌いという感情の概念も生まれます。

心には、必ずある物事に対して正反対の心が存在するのです。

この二面性の幅の中で、どの位置を選択するかはあなたの潜在意識が決めています。


では、この件について利己主義と利他主義で説明してみましょう。

利己主義というのは、自分の至福のために、自分のことばかり考えて行動することをいいます。逆に、自分には厳しく、他人の利益ばかりを考えて行動することを利他主義といいます。

これ、どちらに偏ってもよくありません。

自分のことばかり考えて行動する人は、俗にいう自己中心的な人なので、周りから嫌われ、協調性に欠けるので、世の中の落ちこぼれとして扱われます。莫大な資産を持っているとか、ルックスがずば抜けているとか、何か優れた魅力がないかぎり孤独な人生を送ることになります。

一方、利他主義の人は、自分のことを後回しにして、他人の気持ちや他人の利益ばかり気にして行動するため、あとでそのしわ寄せがすべて自分にきてしまいます。


「頑張る」という概念も同じです。

頑張ることに相反するものといったら「怠慢」です。

人生は頑張り続けてもいつかオーバーヒートしてしまいますし、怠け過ぎると世の中についていけなくなります。ひどいときには引きこもりというレッテルを貼られて、完全に世間から落ちこぼれてしまいます。

他にも、他人の意見ばかり尊重する人は主体性がなく、他人の価値観で自分の人生を生きていくことになります。かといって、他人の意見をいっさい聞き入れない人は、自分の枠の中だけで人生を送ることになります。

どちらか一方に偏った心では、常に自分の人生に不満を抱きっぱなしになってしまうのです。

この心の偏った状態を『**バイアス**』といいます。心にバイアスがかかったままの状態で人生を終える人は、「結局、自分の人生は何一つ思いどおりにならなかった」と言いながら死んでいくんです。

また、バイアスのかかった状態は、自分だけに留まらず、周りの人間にも悪影響を及ぼしてしまいます。

たとえば、先ほどの利他と利己の話で説明するなら、あなたが利他に大きく偏った主婦だとします。するとあなたの身近にいる人は自然とその影響を受け、利己に偏っていきます。

わかりやすくいえば、あなたがご主人に対して90パーセントの利他で接していたら、その影響を受けてしまったご主人は、あなたに対しては利己が90パーセントになってしまう、ということです。

すると、甘え心が育ち、自己中心的になってしまったご主人は心のバランスを崩してしまうのです。人は甘えの枠が育ってしまうと枠いっぱいに甘える習慣ができていきます。

つまり、あなたが心のバイアスを外し、バランスをとれるようになると、あなたの周りにいる人も自然と心が安定し、日常が充実していくわけです。

心のバイアスを外し、偏りのなくなったノンバイアスの状態になるということは、本当に価値があり、これこそが自己催眠の求める最大の魅力なのです。

問題はバイアスの外し方です。

私は現代社会の中で、普通に生活をしながらバイアスを外す方法として、自己催眠を超えるものはないと思っています。

自分を変えるための特別な暗示などは必要ありません。

自己催眠の習得と共に心の偏りは調整され、オートマチックのごとく、すべての局面においてベターな選択ができるようになります。

もしかしたら、あなたは「自己催眠を練習することで、そんなに都合の良いことが起こるのか？」と思うかもしれませんね。

では、説明を深めるために、メタ認知について解説していきます。

○視野が広がる超越した意識「メタ認知」

私の元クライアントで、車の運転を始めるとイライラして、無条件に興奮状態になる人がいました。

いつも周りの車に腹を立ててブツブツと独り言を言いながら運転してしまうのです。

これも、ただ車内で文句を言うだけならいいのですが、興奮状態のせいか、どうしてもスピードを出し過ぎてしまうことに悩んでいました。

自分では「いくらスピードを出しても到着の時間はそれほど変わらない」と理解しているのに、なぜか自分の思いとは裏腹にスピードを出し過ぎてしまうのです。

このクライアントのように、**意識と潜在意識が正反対の方向を向いている人は、心の中でトラブルが起きている状態**です。

心の中でトラブルが起きていると、意識はその部分に捕らわれてしまい、大きな視野で物事を捉えることができなくなります。

つまり、周囲の状況を考慮できなくなるのです。

もちろん視覚的には世の中が見えていますが、意識は自分の心の一部しか見えていない状態になり、すべての判断が偏ってしまうのです。これがバイアス状態です。

この状態が改善されて、意識と潜在意識が仲良くなり、お互いが寄り添い始めると、心の中で起きているトラブルがなくなるので、その部分を構わなくて済むようになります。するとと、意識は一段階上に上がり、すべてを見渡せるようになります。

この状態を『**メタ認知**』といいます。

メタは「超越」とか、「高次元」または「上の段階」という意味の言葉ですが、**心のバイアスが外れて、全体を見渡せるようになると、どんなときでも自分にとって最良の選択を無意識に行えるようになる**のです。

もっとも、潜在意識は本来、あなたにとって常にベターな選択をしようとしています。

しかし、意識と潜在意識がトラブルを起こしている人は、意識が内側に向いていて、自分の心しか見えていない状態で物事を選択しなくてはなりません。するとあとで「あんなこと言わなければよかった」とか「あのとき何であんなことをしたんだろう」と自分のとっさの言動や行動にいつも後悔ばかりするようになります。

また、自分を客観的に見ることができないので、たとえば利己的なほうに偏っていたとしても、自分が自己中心的であることにすら気付かないことがあります。逆に利他的なほうに偏っていくと、狂ったようにボランティアなどを始めたりすることもあります。

人は「これではダメだ」と思うときが必要なら、「これでいいんだ」と思うときも必要です。

しかし、頑張り過ぎるぐらい頑張っている人が、「おれはもっと頑張らないとダメなんだ……」と自分を鼓舞したり、誰が見ても怠けているとしか思えない人が、「私は頑張り過ぎているからもっと自分をいたわらなきゃ……」といったように、まったく自分が見えていない状態だと、ベターな選択ができないのです。

だから、**自分の殻の中を見る眼ではなく、いま自分がどういう状況にいるのかを客観的に見渡せる眼が必要**なのです。この**自分を客観的に見ることができる眼こそがメタ認知**です。

ただ、バイアスが外れたメタ認知の状態は、なにも悟りを開いたような特別な境地ではありません。この状態こそが本来あるべき姿なのです。

しかし、現代社会ではストレスが多く、抱えきれないストレスのなすり合いをしなければやっていけないのが実情です。社会的に力のない人は必然的に意識と潜在意識がトラブルを起こし、心にバイアスがかかっていきます。

そんなストレス社会の中でも、自己催眠を習得すればバイアスは外れ、心が本来あるべき姿に戻っていきます。

つまり、自己催眠は、その状態にいること自体に最大の魅力があるのです。

自己催眠を練習しているだけで心のバイアスは徐々に外れて行き、後悔するような行動や言動が激減していきます。

他人の意見を聞かずに突っ走るようなこともなくなっていきますし、逆に他人の意見に振り回されて損をするようなこともなくなっていきます。

○「フォーカス・リラクゼーション」

さて、ここからは具体的な自己催眠術の方法を説明していきます。

自立訓練法や漸進的弛緩法などの代表的な自己催眠法は、すでに過去の著書で説明していますので、本書では、催眠誘導研究所独自の自己催眠法『**フォーカス・リラクゼーション**』を紹介していきたいと思います。

フォーカス・リラクゼーションは、従来の自己催眠法の欠点を補い、誰でもできるように改善されたものです。

まず、ベッドや布団の上で横になり、何度か身体の位置を直して一番楽な姿勢（椅子に腰かけた姿勢でも構わない）になります。仰向けとかうつ伏せとかにこだわる必要はなく、横向きでもどんな格好でも構わないので、自分がストレスを感じない楽な姿勢をとってください。

もちろん、通常の自己催眠を行うときのオーソドックスな仰臥《ぎょうが》姿勢（仰向けで脚を肩幅ぐらいに開く）でストレスを感じないのなら、その姿勢で行っていただいてまったく問題はありません。

また、途中で姿勢を動かしたくなったら我慢せずに自由に動かして差し支えありません。

さて、楽な姿勢になったら深呼吸で気持ちを落ち着けます。

鼻から大きく息を吸ったらしばらく止めて、できるだけ長い時間をかけて吐き出します。この深呼吸を少し苦しくなるぐらいまで繰り返してください。

苦しくなるところまで深呼吸を行ったら、普段の呼吸に戻してフォーカス・リラクゼーションの開始です。

楽な姿勢のまま目を閉じたら、自分の身体の中で最も力が入っている部分を探し、意識的に力を抜いていきます。

もし、首が一番緊張している部位であることを探し当てたら、吐く呼吸に合わせてなるべく首を脱力させます。

自分なりに首の力が抜けきったら「首の筋肉がくつろいでいる」または「首の力が抜けた」とひと言だけ心の中で唱え、脱力を認識します。

次に、最初に見つけた緊張している部位以外の部位で、最も力が入っている箇所を探します。もし、それが背中だったら、また吐く呼吸に合わせて意識的に背中の力を抜いていきます。

まったく力が残っていないぐらいまで背中の力を抜いたら「背中の筋肉がほぐれている」または「背中の力が抜けた」とひと言だけ心の中で唱え、自分自身に認識させます。

次は背中以外で最も力が入っている部位を探します。そこは右の肩かもしれませんし、左足かもしれません。もしかしたら、背中の前に力を抜いたはずの首かもしれません。たとえそれが首だったとしても、同じように吐く呼吸に合わせて力を抜いていきます。

力が抜けきったら「首の筋肉がくつろいでいる」または「首の力が抜けた」と同じように

自分に認識させます。

このように、身体の緊張している部位を探し、そこに意識をフォーカスさせたまま意識的に力を抜いていきます。力を抜き終わったら、完了形で「○○の力が抜けた」と心の中で唱え、脱力を認識する、といった一連の作業を繰り返して、身体にまったく力が残っていない状態までもっていきます。

ただ**身体の力を抜くだけではダメですが、フォーカス・リラクゼーションのようにトランスの要素を含めたうえで身体の力を抜くと、脳の力が抜けて自己催眠状態に入っていく**のです。

○自己催眠状態になるまでの過程に意味がある

フォーカス・リラクゼーションを行っていると、何かを考えたり、体を動かしたりするのがとても面倒くさく感じるようになるかもしれませんし、気怠さをとても気持ち良く感じるかもしれません。ときにはボーッとしたような感じになることもあります。身体が重くなる人もいますし、逆に軽くなってフワフワした感じになる人もいます。人によって身体に感じる変化は違っていたりしますが、その変化を心地良く感じているときは自己催眠状態に入っています。

練習を始めて5カ所ほど力を抜いたら、すぐにうっとり気持ち良くなる人もいれば、10分ほどしなければリラックスを実感できないという人もいるでしょう。

でも、時間がかかることは問題ではありません。大事なのは**力が抜けていく感覚に意識が向いていること、そしてフォーカスする部位から次の部位へ移動するまでの間の、緊張している部分を探している過程です。この過程こそが催眠トランスそのもの**なのです。

早く習得して終わらせようといった気持ちは不要です。作業工程そのものがトランスの生成なので、一つ一つの作業をじっくりと味わってください。**時間がかかる人も短時間で脱力してしまう人も、トランスで得られるメリットは同じ**です。

最初は気が付いたら雑念が浮かんでいて、集中の邪魔をされることも少なくないと思います。雑念が浮かんでいることに気付いたら、気付いた時点で速やかに意識をフォーカス作業に戻せばいいのです。

しかし、練習の途中で電話が鳴ったり、訪問者が訪れて中断を余儀なくされた場合は、当然また最初の楽な姿勢になるところから始めなければなりません。

このフォーカス・リラクゼーションの練習を、毎日寝る前や会社での昼休みに行っていると、雑念に邪魔されることも少なくなり、普段は抜くことができない、無意識に緊張してしまっている脳の余計な力みも取れていきます。

毎日続けていると、フォーカス・リラクゼーションを開始する前後の意識状態の違いもよくわかるようになっていきます。そうなると、日常生活にも変化が起きていることに気付くはずです。

もし、フォーカス・リラクゼーションで右足の力を抜いたあとに別の部位の力を抜き、次の部位を探したところ、また右足に力が戻っていることに気付いたとします。そして他の部位の力を抜いたあと、また右足に力が戻っている、といったように何度力を抜いても同じ部位に力が戻ってしまうようなときは、日常生活にかなり強いストレスがあると考えられます。

その場合は日常生活の中でもできるだけストレスを発散できることをしたり、誰かに愚痴を聞いてもらってください。少しストレスを弱めるとうまく脱力できるようになると思います。

それでも同じ部位が無意識に力んでしまうときは、その部位に疾患があるか、その部位と連動している脳に取れない強い緊張があるのです。その場合は医療機関や心理カウンセリングを行っている施設に相談することをお勧めします。

○「フォーカス・リラクゼーション」の特徴と利点

従来の自己催眠法と違い、フォーカス・リラクゼーションには決められた基本姿勢のようなものはありません。そのため体勢にストレスを感じなくて済むのです。

私は若い頃に催眠と出会い、自己催眠の練習も必死になってやっていたときがあります。そのときに何よりも障害になったのが姿勢なんです。

若い頃、私は仰向けで寝るとお腹にストレスを感じ、5分とその体勢を維持するのが困難でした。考えてみれば、自己催眠は身体の影響を受けて脳が緊張してしまうことが何よりの大敵なのだから、自分がしんどい思いをしてまで基本姿勢で行うのは本末転倒なのです。

だから私は姿勢にはこだわらず、自由な姿勢で練習をすることにしました。そうすることで、やっと自己催眠状態というものを実感することができたと思います。

これは私が心理カウンセラーになってから、同じように「仰向けで自己催眠の練習をするのがしんどいんです」という人に勧めてきて、みなさん効果を実感しています。

人はそれぞれストレスを感じる体勢が違うということですね。

それから、フォーカス・リラクゼーションでは、自律訓練法のようなすでに脱力している箇所への形式ばった無駄な自己暗示（意識の集中）はしません。これはただ潜在意識を飽きさせてしまうだけです。

また、自分に自己暗示を与えるといった、能動性と受動性の二役をする難しさがありません。**自己催眠トランスの定義は、筋肉の動きへの注意集中と脱力**です。人は、外に向いている意識が皮膚の内側に向き、なおもその状態が続くとトランスに入ります。しかし、一つの対象に意識を向けたままにしておくのは簡単なことではありません。数息観《すうそくかん》（呼吸に意識を向け続け、精神の統一を図る方法）にしても、呼吸を数えることに集中を持続させるのは難しく、普通の人は途中まったく雑念を浮かべずに自分の呼吸を20数えることすら困難です。

でも、フォーカス・リラクゼーションでは、集中する対象に飽きが来る前に意識を別の場所へと移動させるため、普通の人でも意識の集中を続けることができます。緊張している部位を探している作業がそれに当たるわけです。それでも**トランスのプロセス自体は変わらないので、作り出される自己催眠状態は、自立訓練法や数息観などと同じもの**です。

○「現状認識」で自己催眠状態を深化させる

さて、フォーカス・リラクゼーションの練習により、全身が脱力したら、とても落ち着いた良い気持ちになるはずです。そうならないのは、まだ身体のどこかに力みが残っているということなので、もう少しフォーカス・リラクゼーションの練習を続ける必要があります。

全身の力が抜けてくつろいだ気持ちになったら、それだけでも効果は十分なので、作業を終えて構いません。この作業を毎日続けていると、メタ認知の状態になっていき、日常生活が有意義なものになっていくはずです。

それでも、さらにこの自己催眠状態を深めて、日常生活から少し離れた恍惚《こうこつ》状態を味わいたいという人は、力が抜けきった状態のまま覚醒せずに、深化法を使って自己催眠状態を深めてみてください。メタ認知の状態が加速されるので、いろんな気付きや自分が進むべき方向性などが見えてきたりします。

自己催眠の深化法にもいろいろあるのですが、ここでは落下イメージを使います。

椅子に腰かけて練習している人は、椅子ごとエレベーターに乗っているイメージをします。仰臥姿勢で練習をしている人は、大きめのエレベーターの中で横になっているイメージをしてください。ただ横になっているイメージでもいいですし、ベッドや布団ごとエレベーターの中にいるイメージをしても構いません。

そこからエレベーターが下に降りていくイメージをします。ここでは、10階から1階に向かって降りていくのではなく、1階から地下に向かって降りていきます。どこまででも降りていければいいのですが、よく途中で怖くなる人がいます。そうなったら地上に向かって上がって行き、1階に着いたら練習を終えればいいのです。

ときどき、「絵（イメージ）を思い浮かべるのが苦手なんです」という人がいるのですが、そういった人は『**現状認識**』という技法を使います。どんなことであれ、意識が気付いたことをすべて心の中で唱えて、その事実を認識していく作業です。自分に意識を向けることをベースとして、自分の身体の中で意識が向いた部分や、頭に浮かんできた考えなどを、そのまま心の中で認識します。

たとえば、不意に左足の先が温かいなと思ったら、「左足の先が温かい」と心の中で唱えます。もし、雑念が浮かんできて、小説の印象に残った文章を思い出したら「私は小説の印象に残ったところを思い出している」と、いま自分に起きていることを言葉に変えて認識します。この作業により自己催眠状態は深化していきます。

もし、自分の身体以外に、たとえば外を走る車の音などに気を取られた場合は、速やかに意識を身体の動いている場所に向けてください。呼吸によって膨らんだり縮んだりしているお腹でもいいですし、胸でも構いません。このように、**外に向いた意識に気付いて、自分の身体に戻す作業も、実はトランスに入る手伝いをしている**のです。

○心の膿《うみ》を出す「ワン・デー・フィードバック」

フォーカス・リラクゼーションを終えたあとでも、その状態を深化させたあとでもいいので、覚醒する前に、一つメタ認知状態を促進させる方法があるので紹介しておきます。

この作業は向き不向きがあるので、やってみて負担になると感じた人は無理してやる必要はありません。その一方で、向いている人は日常生活での変化が加速するのでやってみてください。

自己催眠状態のままで、朝起きてからの出来事をダイジェストで思い出していきます。

誰かと会話をしたのなら、会話の印象に残っている部分をイメージの中で再現します。もちろん、その会話が聞こえてこなくてもまったく問題はありません。誰と会って、どんなやり取りをしたのかを少し思い出すだけで大丈夫です。

この作業を『**ワン・デー・フィードバック**』といいます。

たとえば、朝起きて家族に挨拶をしたのなら、そのシーンを断片的に思い出します。出社して上司に挨拶をしたのなら、今度はそのシーンを思い出すのです。たぶん、あなたはそのときのことを他人事のように冷静に捉えることができると思います。

なぜなら、**実際にその場面にいるときと、自己催眠状態で思い起こしたときとでは、脳のリラックス状態が違う**からです。物事を受け取るあなた自身の状態が違うので、そのときはすごく嫌に思ったことが、自己催眠状態ではとても小さなことに思えたりするわけです。

たとえば、上司に挨拶をしたとき返事をもらえず、嫌な思いをしたとします。でも、自己催眠状態で回想した場合は「あのとき、私が違和感を抱いて嫌な気持ちになったのは、上司が私の期待したとおりに挨拶を返してくれなかったからだ……私は笑って挨拶をしたから、上司も笑い返して挨拶してくれると期待をしていて、そのとおりではなかったから嫌な気持ちになったんだ……上司もいろいろあって気持ちに余裕がなかったのかもしれないな……」

といったように、冷静に観返すことができるのです。

これを『**反証効果**《はんしょうこうか》』といって、心を健康にしていくためにとても有効なものであり、この作業がメタ認知の習得を加速させます。

もしかしたら、イメージの回想を行っている最中、消化できていない強いストレスに襲われることがあるかもしれません。

たとえば、恋人に酷いことを言われて傷付いたことを思い出し、落ち込んでしまうような場合は、それがきっかけで自己催眠状態から覚醒していくこともあります。それはそれで大丈夫なので、覚醒したらそのまま練習を終了してください。

こういった覚醒のきっかけになるような感情の動きがないときは、いつもどおり自分で覚醒して練習を終えるか、そのまま寝てください。

ちなみに、ワン・デー・フィードバックでその日を振り返っているときや、過去のことが思い出されて辛くなるときがときどきあると思いますが、それは**心の膿が出ているようなものなので、膿は出すだけ出してしまったほうが楽**になります。

何度も思い出しているうちに、少しずつ感情に響かなくなっていることに気付くはずです。

だから、マイナスになっているわけではないので、心配することはないのですが、あまりにも同じ場面が浮かんできて傷心してしまうようなら、心理カウンセラーなどに相談してその出来事に対する解決を手伝ってもらったほうがよいかもしれませんね。

○自己催眠状態から覚醒するには？

フォーカス・リラクゼーションは自己催眠法ですが、日常生活に戻るときに、催眠が解けるとか解けないとかの心配は必要ありません。ただ日常生活に戻るだけで、脳はあなたが普段の生活をするために必要なだけの緊張を、嫌でも取り戻します。

それでも、フォーカス・リラクゼーションは系統的な身体の脱力を利用して脳の力を抜き、自己催眠状態を生成するものです。練習を中断する場合や終了するときには、必ず手足を2、3回曲げ伸ばしして、身体に力を戻してから立ち上がるようにしてください。手足の力が抜けたままいきなり立ち上がったりすると、よろけて転んでしまう場合があります。ですから日常生活に戻る前には必ず手足の屈伸運動をしてから行動してください。

就眠の前に寝床に入って練習する人は、終わったあとにそのまま眠ってもまったく差し支えありません。しかし、フォーカス・リラクゼーションを開始してすぐに眠ってしまうようだと、自己催眠の練習時間がその分だけ短くなってしまいます。ただ、フォーカス・リラクゼーションで十分力を抜いてから眠りに入ったほうが、朝の目覚めはスッキリしているはずです。余計な力みを取ったうえで睡眠に入っているので、眠りの質が違うのです。

もしあなたが不眠症で、寝床に入ってから眠るまでの時間が長くて悩んでいるのなら、眠りに就くまでの間、十分にフォーカス・リラクゼーションの練習ができますし、フォーカス・リラクゼーションによって早く眠ってしまうようなら、それはそれで不眠症の人にとっては良いことではないかと思います。どちらにしてもメリットがあるといえるでしょう。

○自己催眠とアフォメーションは別で行うのが合理的

私は長年**「自己暗示で人はお金持ちになれない」「いくら成功イメージを浮かべても成功者にはなれない」**と主張してきました。

私の周りには、自己啓発の勉強をしていたり、潜在意識に関わっている人たちがたくさんいます。彼らの中には、私の主張に真っ向からぶつかってくる人も少なくありません。

「私はずっと病院の経営者になると自己暗示をしてきたから、病院の院長になって年収が1億になった」とか、「私の友人は自分が店を経営しているところを毎日イメージしていたから、良き師匠と出会えてラーメン屋を経営する夢を達成できた」などと主張してきたりします。

さらには「あなたはそうおっしゃいますが、私は願い事を紙に書いて毎日見ていたら、潜在意識の焼き付けに成功して願い事が叶いましたよ」と言う人もいます。

そこで私が「どんな願い事が叶ったのですか?」と尋ねると、「危険物取扱者の乙4に受かりました」と言います。「試験勉強はしましたか?」と聞くと、「めちゃくちゃ勉強しましたよ!!」と言う。

これは潜在意識への焼き付けといった話ではなく、努力の結果ですよね?

想像してみてください。

18歳になったばかりの少年が、車の免許を取るために目標を達成しているところを毎日イメージしています。

自分が車を運転しているところを毎日イメージしながら、とりあえず資金がないのでアルバイトを探します。そして、「おれは絶対に教習所に通う資金を貯める」と自己暗示を繰り返しながら一生懸命にアルバイトをして、教習所に通うお金を貯めます。

教習所に通い始めると、厳しい教官が担当になり、スパルタ的に練習をすることになりますが、自分が予想していたより早めに教習所を卒業することができました。

この過程の中で必要ないのは、目標を達成しているイメージを浮かべるところと資金を貯めるために自己暗示しているところです。それ以外は何一つ欠けても目標は達成できません。

でも彼はこう言うでしょう。

「成功イメージを浮かべていたから良い教官に出会えたんだ」と……。


なりたい自分になるために自己催眠はとても重要な役目を果たします。しかし、**自己催眠は、多くの人が思うような、自分を催眠状態に導き、アファメーション（なりたい自分になるための自己暗示）を唱えたり、成功イメージを浮かべたりすれば、あとは勝手に日常生活が変わっていくといったようなものではない**のです。

「イメージすれば願いが叶う」「自己暗示で潜在意識を書き換える」などといった自己啓発の常套句《じょうとうく》に洗脳されている人たちは、とにかく自己催眠の習得に熱心です。

彼らは、自己催眠状態に入り、願望を達成しているイメージや自己暗示を唱えると、潜在意識に刻み込まれるように思っているのです。

しかし、**欲の絡んだ思考は脳を緊張させてしまうため、自己催眠によって弛緩した脳が欲のせいで緊張してしまい、せっかくの自己催眠が台無しになってしまうことも少なくない**のです。

だから、自己催眠はメタ認知の状態を作り出すためだけに、そしてアファメーションや成功イメージは目標を明確にするために行うようにして、あとは明確になった目標を現実にするための行動を起こします。

この**三つの作業区分を間違えると、願望は達成できない**のです。

よく自己啓発などでは「レモンを食べているところをイメージすると本当に唾液が出てくるのは、潜在意識が空想と現実の区別が付いていない証拠であり、成功イメージを鮮明に浮かべると、潜在意識は成功しているあなたを本当の自分だと思い、実際に成功していくのです」などといった話が横行していますが、レモンを食べているところを想像すると唾液が出てくることと、成功イメージを浮かべたら成功できるということはまったく別の話です。

確かに潜在意識は空想と現実の区別が付かないことがありますが、レモンを想像すると唾液が出るのは、前にも述べたように「人の身体は潜在意識が信じたとおりの反応をする」からです。年収400万円の人がイメージを浮かべただけで、年収1億円になることなどは絶対にありません。

いま、「頭が痛い、頭が痛い」と声に出して100回唱えてみてください。本当に頭が痛くなると思います。しかし、「私は世界一のお金持ち、私は世界一のお金持ち」と1万回唱えても世界一のお金持ちにはなりません。なぜなら、あなたの中に頭が痛くなる能力はあっても、世界一のお金持ちになる能力はまだないからです。そもそも、その人の中に存在しないのだから出てくるわけがないのです。

自己暗示やイメージはその人の中にある能力を引き出すものです。どんなに上手にアファメーションしても、どんなに鮮明に成功イメージを浮かべても、ないものを引き出すことはできないのです。

ときに、私に対して「自己催眠をとても低く見積もっている」と言う人もいますが、私は誰よりも自己催眠を活用し、その絶大さを知っている人間だと思っています。

自己催眠を魔法化してはいけません。できないことに期待を寄せて、いつまでも幻想を追いかけても仕方がないのです。

自己催眠はその状態になるだけでたくさんのメリットがあります。集中力のアップ、記憶力の向上、心の安定、アイディアなどの発想力アップ、これらはすべて自己催眠で脳をリラックスさせるだけで得られるものです。ほかにもたくさんのメリットがありますが、自己催眠状態になって成功しているところをイメージしたり、お金持ちになっている自分を自己暗示したりしても、突然、お金持ちにしてくれる誰かが現れることなどないのです。

あるカレーショップのチェーン展開に成功した人が、成功のきっかけを語っています。

彼は友人と青山で買い物をしていました。その友人の提案で赤坂に食事に行くことになります。

しかし、急に雨が降り出したので、青山で食事を済ませることにしました。

すると友人がふと「カレー食べたいな……」と言い出します。そのまま2人は小さなカレー屋に入るのですが、ここのカレーがあまりにも美味しくて、彼はカレー屋を経営することを目指し、夢を実現させるのです。

そして彼は、「あのとき、友人がカレーを食べたいと言わなければおれは成功者になれていない。友人が私の成功のきっかけなんだ」と言います。

でも、本当にそうでしょうか？

彼と同じ経緯をたどり、同じ成功を収めた人でも、もしかしたら「あのとき雨が降らなければおれは成功者になれていない。あのときの雨がおれの成功のきっかけなんだ」と言うかもしれません。ほかの人は、「あのカレーに出会わなければおれはカレー屋として成功していないだろう」と言うかもしれません。

つまり、きっかけというのはすべて結果論なのです。

成功してしまえば、自分の人生の中から好きなものを選び、それが「きっかけだった」と言えます。成功者になってしまえば、自分の話をいくらでもメイクアップできるのです。

人は自分の人生をドラマチックに語りたがるものです。

そんなメイクアップされた話を、お金を出してまで聴きに行く人がたくさんいます。でも、成功者とあなたは別の人間です。環境も状況もすべてが違うはずです。

現実の世界で成功したいのなら、現実から足を離さないことです。

しっかり自分を見つめ、現在持っているリソース（願望を叶えるための素材）と持っていないリソースを冷静に判断し、持っていないものは手に入れるように行動しなければ、なりたい自分にはなれないのです。

人生は有限なのです。ちゃんと終わりがあります。

自己啓発に振り回されている場合ではありません。しっかりと地に足をつけて現実に基づいた行動をしてください。

あとがき

本書では催眠術全般について勉強してきましたが、みなさんが思っていたものとは少し違ったかもしれませんね。できると思っていたことができなかったり、「そんなことまでできるのか」と、思ったこともあったのではないでしょうか。

でも、それはみなさんが間違った情報に振り回されたり、催眠の上辺だけを見せられて間違った思い込みをしてしまった結果だと思います。

インターネットの情報、動画サイトの情報、そしてテレビからの情報と、**催眠の世界はあまりにも間違った情報が蔓延している**のです。

特に、インターネットや動画サイトの情報などは、まったくの素人が思い込みの情報を流したり、簡単な催眠術がかけられる程度の人が専門家として情報を流したりしています。

動画サイトで理路整然と話していても、顔にモザイクをかけたり、覆面をしている人たちの話がいい加減であることはいうまでもないことですが、何よりもたちが悪いのは、知識も技術もないのにキャリアとネームバリューだけがある催眠の先生たちです。

彼らはいつもワンパターンのかけ方をするので、カラオケでいつも同じ歌を歌っているかのごとく、しゃべりがなめらかです。催眠の業界を知らない人たちが、そんな彼らを見ると、催眠に慣れているベテランに見えてしまいます。まさに商売上手な催眠術師といえます。

さらにたちが悪いことに、彼らは自分を正統派の催眠術師に見せるためか、ありもしない催眠の危険性をたくさん述べて、視聴者に注意するようにと促している。しかし、どれも「そんな事例がいったいどこにあったんだ?」と突っ込みたくなるようなものばかりで、催眠を理解していないからできる発言のようなものもたくさんあります。

また、悪意はないにしても、資料で見付けた情報を鵜呑《うの》みにして、我先にとインターネットで流す専門家もいます。

たとえばそういった人たちは、「催眠術にかかりやすい人、かかりにくい人がいることがわかっています。なぜ催眠にかかりやすいかは解明されていませんが、MRIを使った研究では、催眠術にかかりやすい人はそうでない人に比べて、脳梁《のうりょう》の先端が、極めて大きいことがわかりました」と報告します。すると、ほとんどの関係者はこの実験結果を研究に取り入れて、催眠は生まれつきかかりやすい人とかかりにくい人がいるのだと認識してしまいます。

しかし、催眠はどこからがかかった状態なのか専門的には未だに結論が出ておらず、かかりやすい人と、かかりにくい人を完全に分けてしまうことはできないのです。

また、初心者の催眠術師がかけてもかからなかった被験者を、ベテランの催眠術師が施術すると簡単にかかってしまうことは容易に想像できると思います。

かける相手とかけられる相手の組み合わせが変われば結果も違ってきますし、かけ方が変われば成功率も違ってくるのです。

ときにベテランの催眠術師がかけてもかからなかった人を、経験年数の少ない催眠術師がかけると簡単にかかってしまうことだってあります。

さらに、何度か催眠を経験してかかりやすくなっている被験者でも、徹夜明けで疲労困憊《ひろうこんぱい》のときなどはなかなかかかりません。小学校に通う子どもが体調不良だと連絡が来たお母さんを安心させるために催眠をかけようとしても、まずかかることはないでしょう。

つまり、催眠にかかるかどうかは体質や性質より、そのときの状況や状態のほうが遥かに影響するということです。

本当に技術を持った催眠術師は、誘導の直前に被験者の状態を観察し、その状態によって

催眠のかけ方を被験者に合わせて変えられる人です。

催眠のかかりやすさは、耳の位置や目の形で判断するものではないし、睡眠中に見る夢に色が付いているとか、霊を信じているとかいないとかはほとんど関係ないのです。

では、なぜこんなにデマの情報がまかりとおり、蔓延していくのでしょうか？

インターネットの普及と言ってしまえばそれまでですが、根本をたどると、そこには**「無責任」**という文字が浮かび上がってきます。

これは催眠に限ったことではないですが、「〇〇という国の〇〇という学者の実験では……」とか「〇〇学会の〇〇氏によると……」といったように、「誰かが言っていた……」という情報なら自分は責任を負う必要がありません。

顔を隠して名前を伏せていたら、責任を負うリスクはなおさらゼロに等しくなります。

ネット上の情報は9割がデマなのは、この責任を負う必要のないところにあります。責任がないから誹謗中傷《ひぼうちゅうしょう》が飛び交うし、それによって自殺者が出ても罪に問われることは滅多にない。ときには子どもを誘拐された親に対し、「あなたが犯人じゃないのか？」などと、人とは思えないような誹謗中傷さえある。この「責任がない」という状況は、ネット上をここまで無法地帯にしてしまうのです。

なぜ、私が責任に関してここまでこだわるのかというと、催眠の極意はまさにこの**「責任」**にあるからです。

いつも同じかけ方で催眠を施し、かからなかったときは「あなたはかからないタイプです」と被験者の集中力やイメージ力のせいにするような催眠術師は、何年キャリアを積んでも成功率は変わらないでしょう。

催眠は、かかったときもかからなかったときも、すべて誘導者の責任です。かからなかったときの責任を放棄している人が上達することは絶対にないのです。

誘導者が無責任な概念を持つと、それは態度や言葉の端々に出てきます。すると被験者の潜在意識はそこに違和感を持ち「催眠にかからなくても生活に困るわけじゃないしな……」と思い、かからないほうを無難に選択してしまうのです。

催眠を受ける側は自分の身に関わることなので、潜在意識を鋭くして、誘導者の言葉の端々に出てくる無責任な言動や振る舞いを敏感に感じ取るわけです。

だから、逆に鋭くなっている被験者の潜在意識に誠実なアプローチをかければ、意識して言葉に出したり態度に出したりしなくても、潜在意識がその誠実さを敏感に感じ取ってくれるのです。

そして、その潜在意識に対する誠実なアプローチの方法とは、誘導者自身が責任に対する覚悟を決めることです。

催眠をかける前に、「いまから私は自分の行為や発言にすべての責任を持つ」と自分の心に言い聞かせてみてください。この覚悟を決めてから行う施術は一味違います。

催眠療法を行うときも同じです。

一度「目の前のクライアントがもし自分だったら……」「このクライアントが自分の子どもだったら……」と考えると、本気で治そうとする覚悟が生まれます。この覚悟はベテランが持つ威光暗示に負けないぐらいの力を持ちます。催眠技術は、一回一回の施術を、責任を持って行うかどうかで将来の成長が大きく変わってくるのです。

私は、日本人は催眠に向いている人種だと思っています。日本人の器用さをもってすれば、催眠の先進国を超えるだけの実力を持っていると私は信じています。

若い催眠術師を見ていてもセンスの良い人は本当にたくさんいます。それなのに、基本的な知識が間違っていたり、技法の基礎ができていないために、かかるはずの被験者をたくさんこぼしていたりするのです。

それぞれの技法に対し、何のためにそれをするのかの理論を把握していないのでしょう。

「あと少し粘れば催眠に入るのに……」などと残念に思うことがよくあります。

基礎をしっかりと固めることです。きちんと基礎ができていれば、どんな技法を使っても、その技法の長所を生かして成功率を上げることができます。でも、基礎ができていなければ、どんなに高度な技法を習っても宝の持ち腐れです。

私は日本全体の催眠のスキルが上がることを願ってこの本を書きました。

この本により、真剣に催眠をやっている人の技術が少しでも向上するならば、私にとってこれに勝る幸せはありません。

【著者紹介】
林 貞年
Hayashi Sadatoshi
1964年、香川県生まれ。

催眠誘導研究所 所長
催眠誘導研究会 会長
日本催眠誘導研究学会 代表理事
株式会社ニック 代表取締役社長
婚前セラピー CEO

長年にわたる催眠の実績と労災病院勤務カウンセラー時代の経験を基に、独自の経営コンサルティングを開始。催眠心理を活用した経営コンサルティングは経営不振のショップから中小企業の業績アップに貢献している。

催眠技術指導では、初心者に対する催眠術のかけ方からプロに対する催眠療法の技術まで、個人に合わせた指導を実施。凝縮された催眠習得プログラムは海外からも高く評価されている。

メディア関係では、テレビ・バラエティー番組に出演するほか、人気ドラマの監修および技術指導を手がける。

著書は『催眠術のかけ方』『魅惑の催眠恋愛術』『催眠セックスの技術』（現代書林）、『自己催眠・心を変える技術』（三五館）、『催眠術入門』（三笠書房）、『催眠術の教科書』（光文社）ほか多数。海外でも翻訳され、中国、韓国、香港、マカオなど多くの地域で出版されている。雑誌にも数多く掲載されている。

ほかにも、『催眠誘導の極意』『催眠術の極め方』『上位１％の成功者が独占する願望達成法』『潜在意識をコントロールする自己催眠術』『催眠恋愛術』（パンローリング）などのオーディオブックCDをリリース。DVD「映像で学ぶ催眠術講座」シリーズでは『催眠術のかけ方』『瞬間催眠術』『高等催眠術の技法』『現代催眠術の技法』（現代書林）などを出版し、テレビでは絶対に見せることのなかった催眠術の裏側を公開して話題になる。

視覚障害その他の理由で活字のままでこの本を利用出来ない人のために、営利を目的とする場合を除き「録音図書」「点字図書」「拡大図書」等の製作をすることを認めます。その際は著作権者、または、出版社までご連絡ください。

人の意識を自由自在に操る
最強の催眠術

2020年6月21日　初版発行

著　者　林 貞年
発行者　野村直克
発行所　総合法令出版株式会社
〒103-0001 東京都中央区日本橋小伝馬町15-18
ユニゾ小伝馬町ビル9階
電話　03-5623-5121

印刷・製本　中央精版印刷株式会社

落丁・乱丁本はお取替えいたします。

ISBN 978-4-86280-749-6

総合法令出版ホームページ　http://www.horei.com/